【文庫クセジュ】

皇帝ユスティニアヌス

ピエール・マラヴァル著
大月康弘訳

白水社

Pierre Maraval, *L'empereur Justinien*
(Collection QUE SAIS-JE? N°3515)

目次

第一章　統治の枠組み

I　地理的枠組み

六世紀初頭、ローマ帝国――ビザンツ人[1]は、みずからの国家をこれ以外の表現では呼ばなかった――の領域は、東方に限定されていた。ディオクレティアヌスによって基礎を置かれた帝国版図は、コンスタンティヌスとその後継者たちに引き継がれ、テオドシウスの死（三九五年）を契機に決定されていた。その後、五世紀の経過のなかで諸民族が西方に侵入する。その多くは帝国との結びつきを全面的に切ることはなかったが、各地域にそれぞれの王国を築いてローマの宗主権から離れていた。

（1）ここでは混乱を避けるために、ユスティニアヌスの帝国の臣民を指し示すのに「ビザンツ人」という呼称を用いる。

かくして、このローマ帝国の版図は、いまやヨーロッパ地域にあってはバルカン地域の一部を含むにとどまった。おおまかに言って、こんにちのギリシア、ブルガリア、マケドニア、アルバニア、セルビアを含む地域である。北の国境はドナウ川だった。その北側の地域には、多くの蛮族が居住しており、程度の差こそあれ、それぞれに安定した状態にあった。東ゴート王国と境を接していた西の境域は、現在のセルビアとボスニアの国境付近だった。帝国版図の最大部分は、アジアとアフリカ地域にあった。アジア地域では、ペルシアと国境を接していた。この国境は、黒海の東端からまっすぐ南に下ってユーフラテス川に達している。この版図内には、こんにちで言うところのトルコの大半、またシリア、レバノンが含まれた。そして、ヨルダン砂漠を横切り、アカバ湾にまで達し、シナイ半島を一周した。エジプトとこんにちのリビアの南部もまた、この帝国版図の一部を構成していた。

帝国の首都は、「新ローマ」(Nea Rome)、すなわちコンスタンティノープルだった。この帝都は、三三〇年にコンスタンティヌス帝により建設され、開都されていた。皇帝の座所であり、中央政府と二つの軍団が存在していた。これらの事実が、この町に歴然と政治的重要性を与えていた。成功を求めて、人びとが帝国内のあらゆるところからこの帝都にやってきた。そこは、このうえなく多様な諸文化が豊かに交流している空間だった。六世紀当時、コンスタンティノープルの人口は四〇万人。人によっては、六〇万人以上の住民がいたともいう。

コンスタンティノープルは、マルマラ海(プロポンティデス)と金角湾(マルマラ海と黒海とを結ぶボスポロス海峡に開かれた、ギリシア語で「角」(ケラス)と呼ばれた湾)に挟まれた部分に延びた半島に位置した。この町は戦略的、商業的に第一級の地位を有した。三三〇年以来、この町は大きく拡張され、テオドシウス二世〔在位四〇八~四五〇年〕の城壁は、コンスタンティヌス帝の城壁よりおよそ八〇〇メートルほど離れた場所にあった。コンスタンティノープルからおよそ六五キロメートル離れた場所には、マルマラ海から黒海にいたる長城があった。この長城は、四六九年以前より建設が始められ、四九七年、アナスタシウス帝〔在位四九一〜五一八年〕治世に補強されている。

コンスタンティノープル市内の中心はアウグステオン広場である。そこには、都市ローマの黄金製里程標ミーリオンの模造品が置かれた。それは、あらゆる街道の起点であり、コンスタンティノープルがローマ同様「世界」の中心であることを示すものだった。アウグステオン広場の周辺には、ハギア・ソフィア聖堂、元老院議場、ゼウクシッペ浴場があった。ハギア・ソフィア聖堂は、コンスタンティヌス帝下〔在位三二五〜三三七年〕で建設が開始され、コンスタンス帝期〔三三七〜三四〇年〕に完成、テオドシウス二世によって再建された。ゼウクシッペ浴場は、ギリシア世界各所から持ってこられた彫像で飾られていた。アウグステオン広場は、ハルケと呼ばれる玄関ホールに通じる広場に繋がっていた。そこは「白刃」の衛兵が警護し、ブロンズ製の屋根に覆われたホールで、そこから大宮殿に入り、またヒッポドローム(馬車競技場)の入口にいたるのだった。大宮殿は、ヒッポドロームと海のあいだに広がる台地に造られていた。それは、一大複合建造物であり、種々の広間、礼拝堂、中庭、庭園があった。それは、ヴェルサイユというよりはむしろクレムリンだった。歴代皇帝は、一体性をあまり配慮せずに、それぞれに建築物を付け加えていったのである。

この場所から、西に一本の大通り(メセー)が伸びていた。この大通りの沿道には、列柱の並ぶ柱廊がしつらえられ、いくつかの広場で区切られていた。それら広場とは、順にコンスタンティヌス広場(ここまでメセーはレギアと呼ばれていた)、タウルス広場、テオドシウス広場、ボーヴィス(雄牛)広場、アルカディウス広場である。これらの広場の中心には、柱やオベリスクが置かれていた。メセーはアルカディウス広場から二手に別れた。左に伸びる道は、町の南西端に位置する黄金門まで伸びていた。それは、テオドシウスの城壁（四一三年建設）で市外に通じるカリシオス門、ないしアドリアノープル門までまっすぐ伸びていた。第二の道は、歴代皇帝が埋葬された聖使徒教会の脇を通った。カリシオス門、（アドリアノープル門）を少し越えたところで、右に、ブラケルナエの聖マリア教会（むしろテオトコス教会と呼ぶべきだろう）があった。この教会は、ビザンツ人からたいへん崇敬されていた。プルケリア（テオドシウス二世の妹）によって建設されたこのテオトコス教会は、四七三年、パレスチナから聖母の衣服を手に入れていた。コンスタンティノープルには、八つの浴場を含む多くの公共建造物が存在した。町中、また郊外のいたる場所に、教会、礼拝堂、殉教者教会が数多く点在した。おそらく一〇〇程度は存在したと思われ、この時期のものとされる施設は八〇以上確認されている。また、七五の男子修道院があったことが知られる。そのうちの一つ、アケメテス修道院はボスポロス海峡のアジア側にあった。女子修道院もまた存在した。

帝国内にはもう二つの大都市があった。オリエンス管区の首都アンティオキアと、エジプト管区の首都アレクサンドリアである。おそらく後者のほうがより重要だったが、両都市とも一〇万人以上の人口を抱えていた。テッサロニキは、五世紀なかばに本格的飛躍を遂げ、この時期に最盛期を迎えて、帝国第四の都市となっていた。人口は他の都市にくらべると明らかに少なかった。また、四〜六世紀に大きな発展を遂げた他の大都市には、エフェソス、アパメ、エメゼ、エルサレムがある。これらの都市はすべて、モニュメンタルな建造物、ポルティコ（円柱またはアーナで支えられた破風付きの玄関）の並ぶ通り、彫像で飾られた広場、浴場、劇場があった。これらの都市は頑丈な城壁で取り囲まれ、その多くにはヒッポドローム（馬車競技場）があった。また、町にはキリスト教の刻印が刻まれ、教会堂（バシリカ、殉教者礼拝堂）、教会が管理する慈善諸施設が多数存在していた。

II 政治的・行政的枠組み

政治的・行政的枠組みは、ディオクレティアヌス〔在位二八四～三〇五年〕、コンスタンティヌス両帝によって礎石が置かれたものだった。それを特徴づけるものは、皇帝権によってすべての行政機構が収束される専制、また中央集権化、官僚化された国家の存在であった。行政機構には、強力な中央政府と階層化された属州行政機関が備わっていた。

1 皇帝と顧問団

皇帝は国家を象徴した。外国権力との和平や戦争の開始を決定し、条約を結んだ。政府高官を任命し、嘆願書に回答書（rescripta, responsa）によって答えた。かかる皇帝は、至高の裁判官であり立法者だった。市民に官職、爵位――とくに長官職、パトリキオス位――を与え、外国人に市民権を付与するのも皇帝だった。要するに、皇帝は、帝国で行なわれるあらゆる行為に最終的な権限をもっていたのである。

皇帝は、名目上は、元老院によって指名されるべき存在だった。もっとも現実には、軍団が決定権を行使することが多かった。五世紀なかば以降、皇帝は総主教の手によって聖別され、神によって選ばれたる者と考えられるようになっていた。権力を至高のものとして聖別することは、キリスト教帝国によって抹殺されることも貶められることもなかった。神聖（sanctus）なる用語を、皇帝に関わるあらゆることに用い、跪拝《きはい》（プロスキュネシス）、崇拝（アドラティオ）の儀礼がそのことを証明している。最も重要な二つの表徴は「緋色」（porphyro）と「帝冠」（diadema）である。プロトコル（儀式の式次第）には、次のような表現が含まれていた。呼び名、名、添え名、種々の形容詞（敬虔なる、幸いなる、輝ける、尊厳なる勝利者にして常勝者）である。

皇帝は、ウルピアヌスが言明した原則に従って、彼自身が権限の源だった。すなわち、「第一人者の定めたことが、法の効力をもつ」のである。ユスティニアヌスは、元老院と人民から国家の利益のために諸権限を回収した、と言明している（『新法』第六二）。ユスティニアヌスはまた、みずからの地位を諸法に超越するものとした。これは、ヘレニズムの理念に立ってはいたが、キリスト教神学者たちの支持によって補強されていた。この地位によって皇帝は、「生ける法」（lex animata, empsuchos nomos）としての恩恵を享受した（『新法』第一〇五、第四章）。その結果、皇帝は、諸法を超越しながらも、自発的に諸法に従うことになった。

皇后は、アウグスタの称号を得たが、自身の名によっては統治を行なうことはできなかった。もっとも、現実的な影響力を持つことはあった。皇后は独自の所領を所有し、宦官や女官を抱えていた。

皇帝は、枢密会議（consistorium）の補佐を受けた（皇帝の前では立って会議をしたことから、ラテン語で「共に立つ者」と呼ばれた）。この者たちはまた、セレクトゥムとかシレンティウムとも呼ばれた。黙ってそこにいたからではなく、静かな者が宮殿内での静寂を支配したということであった。彼らは、そこであらゆる事項について議論をした。軍事のこと、宗教問題、貴顕者や使節、大使の任命、司法事項などである。枢密会議は、また高等法院としても機能していた。その構成メンバーは、五人の重要な大臣(comites consistorum)、中央政府の高官たち、またしばしば元老院議員が含まれた。道管区長官はこの枢密会議のメンバーではなく、都市長官もまた同様だった。しかし、彼らは会議に招聘されることがあった。

元老院もまた顧問団であったが、その影響力は低下していた。彼らは、法の公布準備に関わり、彼ら自身で発議をすることができた。皇帝は、元老院を最高法院として開催することができた。彼らの最も重要な特権は、皇帝の発布する勅法を採択し、承認することであった。元老院の主宰は都市長官である。このコンスタンティノープル元老院のメンバーは、ローマ元老院家門の子孫のほか、イルストゥレース、スペクタビレース、クラリッシメスという上位三階級の爵位を帯びる高位官職者であった。

2　中央行政

中央政府には、五人の「大臣」、官房長官、宮内庁長官、財務長官が並び立っていた。

官房長官（Magister Officiorum : mO）は、宮廷官房を構成する世俗行政役人団の頂点にあった。この者は、マギストリアヌスと呼ばれる者たちの補佐を受けた。官房長官の部局官は、以下のようないくつかの官署（scholae）から構成されていた。

①皇宮衛兵部隊（scholae palatinae）：盛装した軍隊であった。ユスティニアヌス期以前には三五〇〇人だったが、レオン一世期〔四五七～四七四年〕以来、帝室長官（excubiculius）によって人員を倍増された。同隊長官が指揮する。

②情報収集局（agentes in rebus）：警察、諜報活動担当の部局。

③帝国書記局（schola notariorum imperiarum）：帝国審問会と枢密院の速記業務を担った。ノタリオスのほか、レフェレンダリオスと呼ばれることもある。皇帝権力に直属する者と見なされ、大きな影響力をもつ集団だった。

④種々の文書行政官署（scrinia）：文書局（scrinia memoriae）、尚書局（scrinia epistolarum）、誓願局（scrinia libellorum）、行幸局（scrinia dispositionum：皇帝の移動を手配）。

⑤造兵廠、武器製造局（fabricae）。

⑥逓信局（cursus publicus）：実質的には国務大臣であった。この官署の長は、五～六世紀には外務大臣でもあり、外国大使の接待をした。

官房長官の次に重要な官職者は、**宮廷法務長官**（quaestor palatii sacrii）だった。この官職者は、主人のスポークスマンであり、法の起草者、署名者だった。誓願を伝え、帝国法廷では訴訟の裁決者だった。

財務行政は三人の財務大臣の手に委ねられていた。**国家財政管理局長官**（comites largitiorum sacrorum）は、五世紀には活動が低調になっており、なお衰退の途上にあったが、帝室財産に責任を負っていた。

帝室財政は、鉱山、採石場、織物工場、種々の課税からの収入によって拡大していた。それらは、徴収後、道管区長官とその下僚のもとに流れ込んでいた。これらの収入により、道管区長官は、皇帝の私的な護衛兵、帝国建築活動、皇帝が提供する馬車競技、執政官としての施しをまかなった。**皇帝財産管理長官**（comites rerum privatarum）は、国庫帰属財産、皇帝帰属財産、および個々の皇帝の財産に対して責任を負った。**帝室財産管理長官**（comites patrimonialis）は、五世紀に創設された官職だった。この者は皇帝御領〔皇帝個々人に帰属した資産〕から切り離された土地に対して責任を負っていた。これらの長官職は、多くの官署に支えられた。すなわち、まず第一には、配分局、通商局、造幣局であり、また徴収局、管理局であった。これらの者は、帝国領に住むコロヌス〔隷属農民〕に対して、警察権、司法権を有する権力者たちだった。

皇帝個人に与えられた重要性は、ビザンツでは聖寝室庁（scrum cubiculum）、とりわけ皇帝衣装担当官、換言すれば帝室長官の重要性を増すこととなった。**聖室長官**（praepositus sacri cubibuli）が一連の業務の長だった。この者は、最も高位の爵位をもった官職者の一人であり、帝国内最大の影響力を行使して、国家行政のあらゆる側面に介入した。この官職はつねに宦官が務めたが、それは、宮廷内の皇帝周辺の私的な業務の大半が宦官の手に委ねられていたことの部分的現象だった。

3　属州行政

ヒエロクレスの『シュネクデモス』（五二七年八月一日から五二八年秋までのあいだに作成）は、ローマ帝国の属州、都市を列挙した文書である。そこには、ユスティニアヌス帝初期の段階で、六四の属州、九三五の都市（現代人の計算によれば九一二になる）が数えあげられている。属州は、当時なおディオクレティアヌスの行政改革によって設定されたものだった。すなわちそれらは、いくつかの管区に再編され、管区そのものも道管区の一部を構成していた。しかし道管区は、現実にはもはや二つしか残っていなかった。

ドナウ川以南のヨーロッパ地域では、二つの管区、つまりマケドニア管区とダキア管区が、かつての**イリュリクム道管区**の残存地域を構成していた。イリュリクム道管区は、かつて他の帝国内管区と同列に設定され、首都はテッサロニキであった。マケドニア管区には、マケドニア、テッサリア、アカイア（コリント）の各属州、またエピロス地方の二属州が含まれた。ダキア管区には、ダキアの二属州、ダルダニア、プレヴァリタニア、メシア第一が含まれた。さらにこれらの属州に加えて、小規模な属州パンノニアが含まれた。これは、四七六年以前には帝国西方地域に属した、かつてのパンノニア第二属州の残存部分であった。また、ダキア管区には、シルミウム、バッシアナの二都市が含まれていた。

オリエンス道管区は、帝国の残りの地域を包含していた。それは以下の通りである。

——トラキア管区：帝国のヨーロッパ地域部分であり、スキティア、メシア第二、トラキア、ヘミモントス、ロドペ、エウロパの各属州が含まれた。この管区はコンスタンティノープルを含まない。帝都は特別の地位をもっていた。

——小アジアの二管区：つまり、アシアとポントスである。アシア管区には、南部および南西部の諸属州が含まれた。すなわち、アシア、ヘレスポントス、フリギア第一、同第二、リディア、ピシディア、

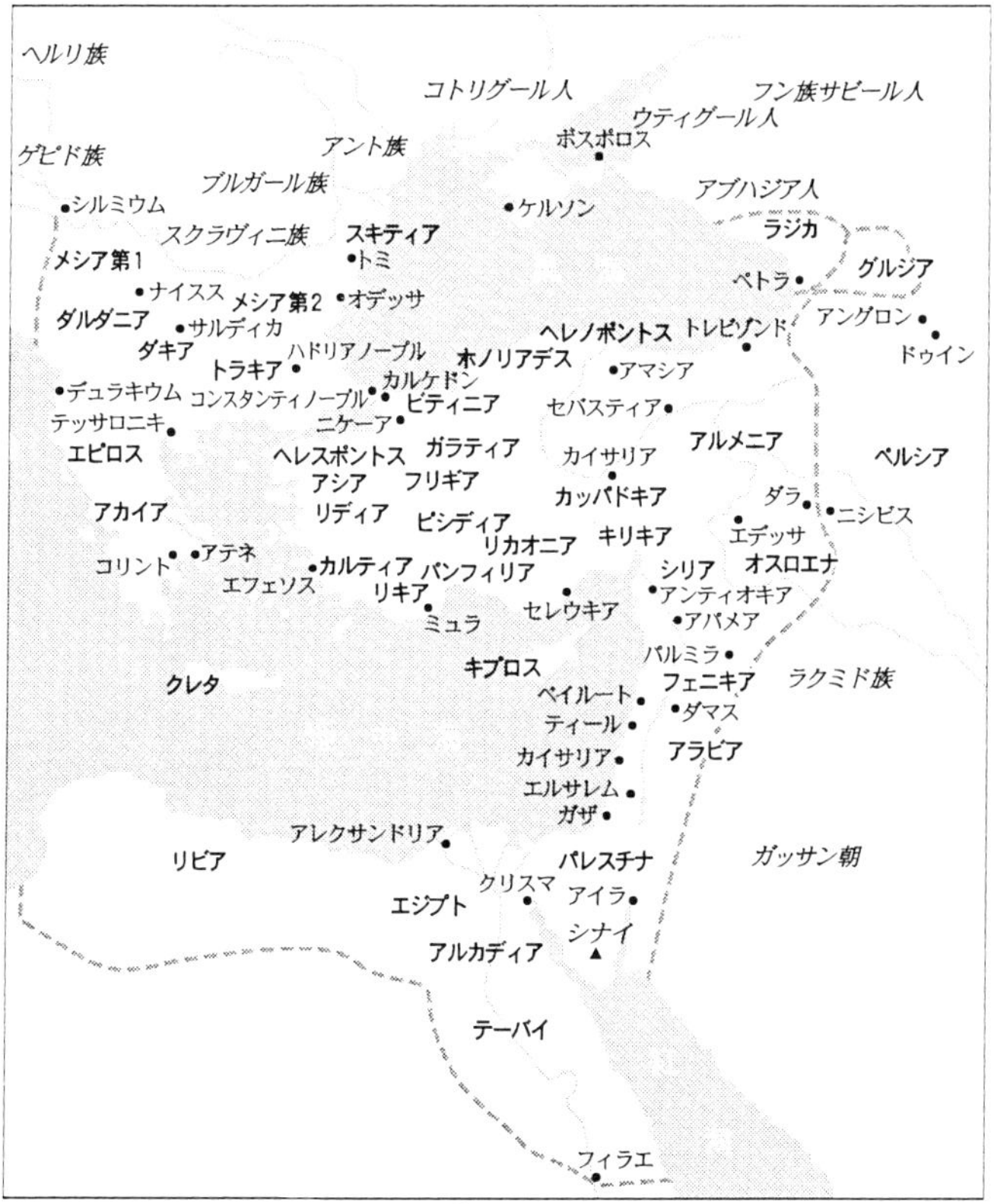

地図１　ユスティニアヌス治世初期のローマ帝国

リカオニア、パンフィリア、リキア、カリア、および諸島部である。この管区にはまた、エフェソス、スミルナ、イコニウムといった重要な都市が含まれてもいた。ポントス管区には、東部および東北部の諸属州が含まれた。すなわち、ビティニア（カルケドン、ニコメディア、アンキュラの各都市を含む）、カッパドキア第一および同第二（カイサリア、ティアーネの各都市を含む）、ヘレノポントス（都市アマシアを含む）、ポントス・ポレモニアック、アルメニア第一、同第二（セバスティアを含む）である。かつてのアルメニア王国の一部は、四世紀末以来ローマ帝国に帰属していた。その地域は、当時、内アルメニアと呼ばれ、担当の長官によって治められていた。

——オリエンス管区：この管区には、キリキア第一、同第二、キプロス、イサウリア、シリア第一、同第二（アンティオキア、アパメアの両都市を含む）、ユーフラテシア、オスロエナ（都市エデッサを含む）、メソポタミア、フェニキア第一、同第二（トィール、エメゼの両都市を含む）、パレスチナの三属州（カエサレア、スキトポリス、ペトラの各都市を含む）、アラビア（ボストラを含む）の諸属州から成っていた。

——エジプト管区：この管区は、エジプト（アレクサンドリアを含む）、アウグスタミニキア第一、同第二、アルカディア、テーバイ第一、同第二、リビア第一、同第二の各属州から構成されていた。

道管区長官（道長官：praefectus praetorio）は、道管区の長だが、西方諸管区（イタリア、ガリア）の消失は、結果として、コンスタンティノープルに駐在する東方道管区長官（praecectus praetorio per Orientem : ppO）を帝国最高の官職者とすることになった。東方道管区長官は、主要税アンノナを収受した。このアンノナは、長いこと現物で徴収されており、このことから彼は農業部門の管理者だったことになる。道管区長官は、彼の権力を次第に制限する方向にあった中央行政とライバル関係に立った。とりわけ、官房長官（mO）が相手だった。道管区長官は、諸法を行使し、その統括権のもとに、代官（Vicaius）と属州長官（proconsul, praesides）を従えていた。代官は、ディオイケーシス〔道管区の下の下部管区〕の頂点に立った官職であるが、四世紀末以来その職務は凋落傾向にあった。

属州長官は、行政官職である――税の徴収に最終的責任を負った――と同時に、生殺与奪の権をもった司法官でもあった。彼らは、高位の爵位をもつ少数の高級官僚たちによって支えられた。より下位の官吏は、僚官（cohortales, cohortalini）といった。その職務はあまり魅力あるものではなく、世襲されていた。属州において、行政は軍事行政とは分けられた。軍事行政は、複数の属州にまたがって命令を行使することができ、したがって属州長官よりも権力的にも権威面でも優越していたドゥークスによって指揮された。

コンスタンティノープルには、ローマと同様、特別に都市長官（praefectus urbi）が置かれた。都市長官は、司法を取り仕切って属州法廷からの上訴を受け、公共の秩序の維持、コンスタンティノープルへの食糧供給に責任を負った。また、コンスタンティノープルから一〇〇マイル以内で営まれる商工業活動を監督した。配下に、少数の警察部隊（taxiotai）を擁していた。

行政機構の成員たちは、中央省庁の役人であれ属州官吏であれ、部局隊（militia officialis）を構成した。彼らは、身分、位階、特権、俸給、制服の着用などの点で軍隊になぞらえられたのだった。彼らの全体としての人数はそれほど重要ではない。彼らは、給与のほかに、各手続きごとに賄賂と謝礼を受け取っていた。爵位は担当する職務に付随しており、職務と同様にたいへん広範に与えられていた。そして、とりわけ高位の官職者のために、絶えず新たな爵位が創設されていた。

4　都市行政

都市の参事会（クリア会）はいまだ存在していたが、消滅しつつあった。クリアーレスないし**デクリオーネス**（都市参事会員）たちは、世襲の役職者であった。アナスタシウス帝以来、彼らは租税支払いに責任を負わなくなる。しかし、依然として種々の支払義務は残っていた。すなわち彼らは、中央官庁の監督下、都市の食糧供給、公共事業、つまり城壁や水道の維持などに従事した。参事会メンバーのある者たち（「第一人者」（principales, primates）と呼ばれる者たち）は、その財産の大きさと影響力のゆえに、他の者より重要な存在だった。四世紀以来、主教がこの有力者集団の仲間入りをする。六世紀初頭以降になると、主教は、都市の守護者としてますます重要な役割を果たすようになった。市民の諸権利が低下した場合には、主教はしばしば都市共同体の長としての役割を果たしている。

都市は、規模の大きさにかかわらず、周囲に広がる耕地を支配した。これらの耕地は、都市周辺にシテと呼ばれる統一的な組織体を構成していた。土地耕作者の大半が居住した村落（chorion, vicus）は、かくして都市に従属していたのである。

5 軍隊

軍隊については、二つのカテゴリーに分けられる。

①国境警備隊リミターネイ（limitanei）：国境（limes）近辺に設置され、定住農民からなる軍団だった。国境地帯に配置された彼らは、給与として、自身が居住する土地からの収入を与えられた。彼らの状況は、地域によって異なっていたようだ。彼らは、国境地帯の安全を監視し、各地域に近い都市に配置されたそれぞれのドゥークス〔司令官〕たちの麾下に置かれていた。

②皇帝随行部隊（comitatenses）：ローマ軍団の本来的な中核である。防衛戦、攻撃戦いずれの大規模戦にあっても投入された機動軍であり、五世紀には五つの軍団が存在した。兵士数は全体で二〇万人にのぼった可能性もある。各軍団は、軍司令官（magister militum）の指揮下に置かれた。二つの軍団がコンスタンティノープルに駐屯した。彼ら首都駐屯軍団の司令長官は、マギステル・ミーリトゥム・プラエセンターレス（magister militum praesentales）と呼ばれた。もう二つの軍団が、それぞれトラキア、イリュリクムに駐屯し、残る一つがアンティオキアにあった。それぞれの司令官は、トラキア方面（イリュリクム方面、オリエンス方面）軍司令官（magister militum per Thracias, per Illyricum, per Orientem）といった。コンスタンティノープル以外の軍司令官は、皇帝随行部隊、および国境警備隊リミターネイを指揮するドゥークスに対して権威を行使した。

帝国軍の正規兵も、出自の点でたいへんヴァラエティーに富んではいた。しかしこれとは別に、帝国外の各所から集められた傭兵軍、あるいはまた、周辺諸族から派遣されてそれぞれに独自の長をもつ軍隊からなる混合軍が存在した。さらにまた、司令官の私的な警備を行ない、司令官が徴用し、給与を支払っていたブケラリオス隊がいた。これは騎兵隊であり、皇帝が支配を及ぼす一定の余地を残していた者たちであった。

Ⅲ　宗教的枠組み

古代においてそうであったように、宗教的枠組みはたいへん重要だった。ローマ帝国は、テオドシウス一世以来、公式にキリスト教社会となる。このことに対応して異教儀礼の実施は禁じられ、また必然的に異教の神殿も閉鎖された（ただ一つ、ユダヤ教だけは認可された）。キリスト教は帝国イデオロギーに浸透し、教会は特権的地位を得た。コンスタンティノープル総主教は皇帝に冠を載せ、影響力ある助言者の役割を果たした。聖職者はたいへん多く、種々の特権を享受していた。主教は、各都市の上層者集団の一員となった。さらに教会は、コンスタンティヌス（一世）以来、遺産相続権をもっていた。そして、これによって、教会の財産はかなり大きなものとなった。これはまた、礼拝堂や、教会が運営する慈善諸施設の数がたいへん多くなったことの結果でもあった。貧民への奉仕に従事した主教のもとでの助祭制（ディアコニー制）は、国家によって活動を部分的に支弁され、社会的に重要な役割を果たした。他方、教会のヒエラルキー的機構は、帝国のそれをまねていた。各都市は原則として一人の主教をもち、同じ属州内の主教は全員、属州首都の主教、つまり府主教に従属した。他方、府主教たちは総主教を戴いていた。総主教というのは、帝国内最大都市の主教である。序列の順に、コンスタンティノープル、アレクサンドリア、アンティオキアであり、五世紀になって、エルサレム総主教座が創設された。キリスト教的救済の歴史におけるこの町の重要性のゆえである。最後に言及すべきは、修道院が隆盛を見たことである。修道士は人口のかなりの部分を占め、彼らの所有する資産〔土地〕はかなりの量にのぼった。

Ⅳ　帝国の住民たち

まずもって帝国住民のこのうえない多様性、人種と言葉の混在状況を強調しなければならない。もともとの住民に、多くの移民が混ざり合っていた。すなわち、ゲルマン人、スラヴ人、フン人であり、コーカサス各地の住民が、帝国内の土地に移住し、また奴隷として移入された。ギリシア語がコミュニケーションのための公用語だった。それは、もはや古典ギリシア語ではなく、コイネーと呼ばれるものだった。多くの地域において、このギリシア語は多数派言語などではなかった。つまり、オリエンス管区ではシリア語が、エジプトではコプト語、古代アルメニア王国のうちローマ帝国に組み込まれた地域ではアルメニア語が、それぞれ最も一般に使われていた言語だったのである。多くの方言が存在したことについては言うまでもない。ラテン語は行政言語であり続けた。もっともそれは、急速に廃れていった。

なぜなら、テオドシウス二世以降、すでに法令がギリシア語で発布されていたからである。

階層という概念はビザンツ社会の現実を説明するのには相応しくないが、この帝国の社会は、まさに序列化された諸階層からなっていた。実際、少数の富裕者と多数の「貧困者」との区別——ポテンテス〔上層民〕(potentes) とフミリオーレス〔中下層民〕(humiliores) の区分けを部分的に含む——があり、それは根元的なものとなった。前者には、元老身分や高位の官職者が含まれる。このポテンテスたちは、また富裕な土地所有者でもあった。彼らは加えて、財政上、司法上の諸特権を帯びてもいた。これらの上層民に対して、「貧困者」は、職人、小規模商業者、兵士、自由身分の小規模農民、コロヌス、奴隷など、多様な人びとからなる社会集団だった。彼らは、一律に貧しいというわけではなかった。ある者は、自身の生産手段によって生活するに十分な資力をもっていた。ところが、ある者はほんのわずかしかもたず、みずからの労働によって——仕事がある場合だが——かろうじて生活していた。しかし、前者もまた不安定な状態にあった。不運に見舞われ、赤貧者、つまり生きていくのに助けが必要な者の集団に加わる危険にいつもさらされていた。このように、庶民のすべてが社会的には貧困者だった。まれな例外をのぞいて、彼らが栄誉にあずかることはなかったし、彼らに関わる刑法規定は、有力者にくらべてはるかに厳しかったからである。もっとも、法律が親子間での社会的境遇の連続を志向したとはいえ、社会的上昇のチャンスはあった。この社会的上昇のケースが増えたことは、それ自体、法があまり実効的でなかったことを示唆している。

奴隷はこの時代でも存在した。家内労働の大半が奴隷によって担われていた。彼らはまた、職人とともに働いてもいる。しかし、奴隷はさまざまな条件下にあったと考えられる。ある者たちはたいへん実入りがよかった。しかし、彼らが、産業や農業生産の分野で重要な役割を果たすことは、少数の例外的場面（鉱山、宮殿）以外ではもはやなかった。

都市と農村――都市は、規模の大小にかかわらず、依然として社会・文化生活のなかで特権的な場であり続けていた。そこはすぐれて文明化された場所だった。都市は、みずからの権威のもとに置かれた農村地帯を支配した。都市は、周辺の土地を含むシテと呼ばれる行政組織体を全体として統括したのである。都市では、職人と商人が同職組合（collegium）ごとに組織化されていた。同職組合メンバーは権利と義務を併せ持っていた。しかし、都市は、産業と商業が集中的に行なわれる社会の中心というわけではなかった。生産活動、また商品の売買が行なわれるのは、農村においてだった。そこには農業従事者の大半が居住し、彼らは当時の帝国の富の八〇パーセントから九〇パーセントを産出していたのである。自由身分の農民からなる共同体が、依然として農村生活の基礎であった。大所領は、いくつかの地域をのぞいて、西方およびエジプト地域ほどには発達を見なかった。もっとも、大土地所有者は広汎に存在し、彼らの所領は――しばしば多数の土地区画に分散していた――コロヌスによって耕作されていた。このコロヌスという用語は、ある所領内で土地区画を賃借している者たちのことを指し示す。彼らは、その保有地の所在する所領に、財政上および行政上登録されており、そこから「登録コロヌス」（coloni adscripticii）の呼称を与えられた。所領主（dominus, despotes）は、国庫に対し個人的な納税義務を負い、納税分の租税は彼が徴収した。長らく支配的であった解釈とはうらはらに、[1]これらコロヌスは、実にしばしば自由であったことを強調しておかなければならない。彼らが不自由であったのは、当該所領から離れられなかったということである。彼らの定住を確実なものとするために、彼らコロヌスの私有財産は所領主のもとに留保された。そして、逃亡した場合、監獄につながれた。そのうえ、一人の農民が、独立した小規模土地所有者でありながら、他方で賃借地に関してコロヌスである、といったこともありえたのである。また、これはそう多くはないと思われるが、コロヌス的奴隷も存在していた。事態は地域によってさまざまであり、土地所有者とコロヌスの関係もまたたいへん多様であった、ということも付け加えておこう。

（1）コロヌスに関する諸概念については、J・M・カレ『著作集Ⅰ』（一九八二年）三五一〜三七〇頁、『同Ⅱ』（一九八三年）二〇五〜二五一頁を参照。

他の諸地域にくらべて、首都の住民は実に多様な出自の者たちだった。コンスタンティヌス一世は、みずからが建設したこの町に多くの住民を招致するため、あらゆることを行なった。ギリシア人は、帝国全土、とりわけ小アジアとギリシア化されたトラキアからやってきた。ラテン人は、アフリカ、イタリア、イリュリクムから来た者たちだった。商人、船員、シリアやアレクサンドリアの文人、各地の修道士、ユダヤ人、アルメニア人、その他当時知られたすべての諸民族。その多くは軍団に勤務していた。この町の住民には、あらゆる官位の役人、高級職人、建設労働者、商人がおり、また多くの無為者、土地を離れた農民、乞食、ホームレスなど、すぐにも暴動を起こす種類の者たちもが含まれた。

ファクション（党派）は政治組織か？——財政規模がある程度大きかった都市には、ヒッポドローム（馬車競技場）が存在した。それは、社会生活上重要な場であり、メトロポリタン都市の大半にはそれがあった。コンスタンティノープルのヒッポドロームは、ローマのキルクス・マクシムスをより小さくしたものだった。つまり、一方の脇に、皇帝の座所があり、宮殿と直結していた。これは、人民が皇帝を見、皇帝と対話できる場であったと説明される。しかしそれは、何よりもまず馬車競技のためのものだった。この馬車競技が東方にもたらされたのは遅く、四世紀以前ではなかった。しかしそれは、伝承されるや、それまで競技場で行なわれていた剣闘士競技と本来の意味でのスポーツ競技の両方に取って代わった。これらの古来の競技は、それを組織した団体とともに、公的資金がなくなり、消え去ったのである。逆に、馬車競技が皇帝の後援を受けるようになった。競技は幾度となく中断されて、あいまに外国の珍しい動物のショーや喜劇、活人画、曲芸・軽業などが上演された。劇場もまた存続していた。教会が役者たちを破門してまで一貫して禁じたにもかかわらず、民衆の強い要望が絶えずあったからである。古典演劇（悲劇、喜劇）の劇場はほとんど廃れていた。神話や日常生活から題材を得たマイム〔無言劇〕やパントマイムの上演が、当時もまた好まれていた。

劇場にあっても、ヒッポドロームと同様、民衆は三つのファン集団「ファクション」に分かれていた。(1) これらのファン集団は、劇場でもヒッポドロームでも、元来、喝采を浴びせるべき存在であった。しかし、彼らはまた、演劇や馬車競技のために、曲芸師や芸術家、御者を提供しなければならなかった。彼らはクラブのネットワークから成り立っていた（ちょうどこんにちのサッカーのファン集団のようなものである）。彼らは、きわめて急速に多くの人びとを集めることとなった。職業的観点からすれば、四つの色の名を付けた集団が競合していた。すなわち、青、緑、白、赤、である。これらはヒッポドロームの特定の居場所をもち、独自の集会場所をもっていた。とはいっても、実際のところは、重要な二つの色集団を愛好する二つの党派に分かれていた。つまり、青と緑である。

（1）A・カメロン『サーカス党派――ローマとビザンティウムにおける青組と緑組』（一九七六年）を参照。

これらのファン集団（サーカス・ファクション）が果たしていた政治的役割とはなんであろうか。もし、古代ローマに民衆がみずからを表出しうる三つの場――政治集会、選挙、劇場――があったとすれば、六世紀のビザンツでは、そのうちの前二者が消失していた。帝国は、政治的党派や選挙なしでも権威ある帝国になっており、劇場と馬車競技場での意志表示だけが、民衆の意見表明をかろうじて可能としていたのである。しかし、これらの集団のなかに、民衆の宗主権が発展した痕跡を見ることはできない。同様に、ビザンツ皇帝は、ローマ皇帝の大半とは異なり、市民的性格を示すこともなかった。また、この枠組みのなかで、皇帝になされた要求に対して理解を示すこともなかった。他方、五世紀以後、サーカス・ファクションが、ヒッポドロームだけでなく帝国の公式儀礼の場においても一役買っていたことが確認される。宮廷やハギア・ソフィア聖堂において、詩篇をまねたかたちで、皇帝賛辞文を朗唱したのである。この役割は膨らんでいった。つまり、七世紀以降、サーカス・ファクションのある種の制度化が行なわれたのである。劇場で役者に対して浴びせていた喝采は、皇帝を賞賛する喝采になった。

それは、先導者に導かれて形式にのっとって行なわれた（この先導者は、マウリキオス帝治世〔五八二〜六〇二年〕、青組九〇〇人、緑組一五〇〇人とされる全体の数にくらべてかなり少数であった）。サーカス・ファクションの行為は、皇帝の強い関心のもと、公的枠組みのなかにあった。しかしなお、それは、ときにさまざまな要求、不満の表明の機会となることがあった。

青組、緑組が史料において触れられる場合、往々にして暴動や反乱、乱闘などの文脈で言及されているのは確かである。しかし、それは各組の支持者（党派・組（stasis）に参加する者の意で、スタシオータイと呼ばれた）について述べているのであって、喝采を組織するプロの先導者について述べているのではない。石製の観客席ではなく木製の各色のベンチに座った各組支持者は、ある種のフーリガンであり、暴動や騒動を引き起こした少数の者たちだった。これらの暴動は、ほとんど一つの例外（後述するニカの乱）を除いて、遊興的興奮や党派的熱狂に突き動かされていたのであって、政治的動機によってではなかった。ビザンツでは、経済的暴動（飢饉時）もあれば、政治的暴動（種々の課税や官僚に対するもの）、また宗教的暴動も起こった。しかし、サーカス・ファクションによって引き起こされる暴動は、くだらない理由によるものだった。それは、物欲によっていたのである。プロコピオスのテキストは、そのことを明確に述べている。

「民衆は、長いこと町々で青、緑に分かれていた。しかし、これらの名称、また、彼らが競技のあいだに占めるその名に対応した観客席のために、人びとが金銭を浪費し、このうえなく危険な肉体的暴力に身をさらし、最も破廉恥な死に臨むことをも辞さなくなったのは、そう古いことではない。

彼らは、反対側に座る者たちと取っ組み合いをする。彼らは、みずからを危険にさらす理由もなくそうするのである。よしんば目の前の相手を打倒しても、ただちに牢獄に繋がれ、手ひどい拷問を受けたのちに死にいたることをよく承知したうえでそうするのである。かくして、彼らのあいだには憎悪の念が生じた。それは、意味なく、いつまでも鎮まらない憎悪だった。というのも、この二つの色で対立するのが、たとえば、二人兄弟であっても、その他いかなる仲間であっても、それは、結婚の結びつきの前でも、親子関係の前でも、また友人関係の前であっても止まらないからである。彼らは、暴動で相手を打ち負かしさえすれば、神をも人びとのことをも気にかけない。法律や国家が、仲間内や相手によって損なわれていても構わない。そして、たとえ国家が、生活物資に事欠いている場合でも、また、緊急事態に当面している場合でも、自分たちの党派がうまくいっていれば気にもかけないのである。……かくして私は、精神の病と名づける以外、この現象をなんと呼んだらよいのか判らない」(『戦史』一－二四)

このテキストに政治性を認めることはできない。また、もはや社会階層の違いについて想起させられることもない。つまり、青組は貴族層(レンテン生活者〔地代・利子収入などで生活できる人〕、また都市周辺の農村部所領の所有者。彼らは都市の中心部、周辺部に居住した)と結びつき、緑組はより低い社会層(商人、職人。彼らは都市内の庶民街ないし都市外に居住した)と関係している、という通説が長いこと言われてきたが、そうは考えられないのである。この説には根拠がない。宗教面での彼らの信条に関する通説も、また同様に根拠がない。つまり、青組がオルトドクスであり、緑組が単性論派である、というものだが、これに対する格好の反例はテオドラ〔ユスティニアヌスの后〕であろう。彼女は青組の支持者だったが、単性論者であった。諸史料をよく読むと、青組と緑組は、本質的に都市の「若者層」だったとみえる。彼らは、異なるチームのサポーターであるというただそれだけの理由で、互いに反目し、喧嘩をしていた、と思われるのである。こうして、サーカス・ファクションの政治的重要性を過大に評価することはできない。とりわけ、ユスティニアヌス治世においてはそうであった。

第二章　帝国統治の役者たち

1　ユスティヌス（四七〇〜五二七年）

ユスティヌスは、ユスティニアヌスの母方の叔父である。ユスティニアヌスが社会的地位の上昇を果たし、帝国の頂点に達しえたのもこの叔父のおかげであった。ユスティヌスは、ダルダニア地方ベレディアナの出身であり、貧しい農家に生まれた。若くしてコンスタンティノープルに出て皇帝警護隊に入った。軍隊において職歴を重ね、四九二年のイサウリア人との戦いではドゥークスとして参戦、五〇二年には対ペルシア戦、五一五年にはヴィタリウスに対する戦いに参加した。このときすでに、彼は聖寝室長官であり、パトリキオス位を帯びていた。アナスタシウス帝の没後（五一八年七月九日晩から十日にかけて）、彼は元老院によって皇帝に選出された。この選挙は軍団と民衆から認証された。彼のこの選出時の状況については、なお不明な点が残っている。ユスティヌスの選出は、元老院の投票によって多くの他の候補が出されたあとでのことだった。彼が選出されたについては、先任皇帝アナスタシウスの宗教政策への対応が有利に働いたようである。アナスタシウスは、次第にカルケドン公会議に対立する単性論派支持に傾いていた。また、カルケドン派がラテン世界であるイリュリクム出身のこの候補を支持したことも作用したようだ。ユスティヌスは、カルケドン公会議においてローマ司教座と結んでいた。また、元老院がエクスクビトール〔聖寝室侍従官〕たちによるクーデタを恐れた可能性もある。あるいはまた、元老院がこの老兵を、他の者よりも御しやすいと判断したのかもしれない。いずれにせよ、選出された翌日、ユスティヌスはハギア・ソフィア聖堂で戴冠された。そして、かつて奴隷で内縁関係にあった妻ルピキナも、皇后として夫とともに戴冠され、より高貴な名エウフェミアを名乗った。

彼はまったく教育を受けていなかった。プロコピオスは、ユスティヌスが文盲だったとして非難している。しかしそれにもかかわらず、ユスティヌスのキャリアからは、彼が聡明だったことが示される。彼は、周囲の若者たちには厳格な教育を受けさせた。とくに、ゲルマヌス、ユスティニアヌスなどの甥たちにはそうだった。若くなく（四十八歳）皇帝となったユスティヌスは、活発でなく、また、老衰、無関心によったのか、あるいは無能だったのか、政治的指導力も急速に見られなくなったようである。ユスティヌス治世の当初から、最重要な役割でなかったとしても、諸事の指導にあたってユスティニアヌスが重要な役割を果たしていた。ユスティニアヌスは、新たな宗教政策を実施に移すにあたっては積極的に介入している。この点についてはのちに触れることになろう。またユスティニアヌスは、首都および帝国内の諸都市で建築、再建事業に着手してもいる。われわれは、かくしてユスティヌスの治世を、その甥ユスティニアヌスの治世のプレリュードとして見る必要がある。そこにはユスティニアヌスの最初の統治実績があり、のちにそれは、みずからを記憶にとどめさせることとなるのである。

2　ユスティニアヌス（四八二～五六五年）

ペトルス・サッバティウスは四八二年の生まれである。彼もやはりダルダニア（タウレシウム）に生まれ、たいへん若くして、学問を修めるためにコンスタンティノープルにやってきた。叔父が皇帝になって以来、彼はみずからをフラヴィウス・ペトルス・サッバティウス・ユスティニアヌスと名乗った。これは、すでにみずから署名に使っていた名前である。五一八年、彼は宮廷護衛隊（Scholae Palatinae）の長（ドメスティコス）であった。まもなく、イルストリス・コメス・ドメスティコールム（illustris comes domesticorum）に指名され、パトリキオス位に叙せられた。これにより、彼は皇帝顧問団と接触できるようになった。彼は、五二〇年に首都軍団長官（magister militum praesentalis）、五二一年にはコンスルになった。彼は、コンスルに就任するにあたって、ヒッポドロームで麗々しい競技を行ない、財貨を人民に分け与えた（四〇〇〇リトゥラ[1]の金貨を拠出した）。五二五年、彼はノビリッシムスの爵位を得る。そして、五二七年四月一日、叔父によって共同皇帝に推挙され、その三日後に戴冠された。八月一日、ユスティヌスが没すると、権力のすべてが彼に委ねられる。彼はこの皇帝権力を、五六五年十一月十四日に没するまで、誰かと分担することなく保持することとなる。

（1）金一リトゥラは七二ソリドゥスであり、一ソリドゥスは四・四八グラムである。

ユスティニアヌスの個性は、同時代人のあいだに互いに相反するさまざまな印象を生んだ。ある者たちはユスティニアヌスを偉大な皇帝と思い、他の者たちは危険で有害な改革者と考えた。この両方の見解が同一者のなかに見られることもしばしばだった。ただ、ユスティニアヌスを精力的な働き者という点では、すべての者が一致している。ほとんど眠らず、国家業務にたいへん情熱的に従事した、と。少なくともその統治当初の四〇年間はそうだった、と。節度ある生活、妻への愛着、近づきやすく、往々にして高邁（これは、何度か起こった陰謀への対応を裏づける）であった。豪華好き、見栄張りも明らかな属性である。これゆえに、二七もの都市に自分の名を与えたのだった。しかし、ユスティニアヌスの性格は、いつも知性あふれる高みにあったわけではないようだ。彼は同時に、独裁的で優柔不断、疑り深く、人に影響されやすくもあった。その傾向は、年を取るとともに顕著になっていった。

われわれは、テオドラの死後にユスティニアヌスが自身と同じ村出身の少年に与えた教育から、彼が受けた教育について一つのイメージを得ることができる。それは、まちがいなく文化的、軍事的なものと結びついていた。ユスティニアヌスは、古典的パイデイア〔教養〕の通常の課程を修得した。修辞学と法を学んだが、神学についても手ほどきを受けた。他方、ユスティニアヌスの教養は本質的にラテン語によるものだった。これによって、彼はローマ人となったのである。ローマ精神の諸特徴が認められるようになり、ローマとその歴史、つまり紛れもなく「無謬の古典古代」を崇拝するようになっていた。また、彼はラテン語ほどギリシア語を習得していなかったようにも思われる。軍事についていえば、軍団を指揮したことがなかったにもかかわらず、要塞や帝国の防御の詳細、つまり軍事行動に深い関心を示した。それは、何千キロメートルにもわたって動員された軍事遠征になって表われた。ユスティニアヌスはまた、一貫して参謀たちとの信頼関係を保った。晩年になって彼は、軍事勝利にまつわる栄誉を求めさえした。軍人としての教育は、兵士として生涯を送った叔父の周辺にあって、容易に得られたのだった。

強調すべき点の一つは、宗教上の諸問題がユスティニアヌスの目には重要と映じていたことである。彼が神学に傾倒していたことは、これを物語っている。彼は、修道士や主教たちと幾晩にもわたって神学問題を語り合った。神学的な著述を著わし、当時の教義論争にも介入した。教会建設に熱意を示し、聖域に寄進を行なった。聖母マリアや諸聖人、彼らの聖遺物への信仰心は、ユスティニアヌスの敬虔さを表わしている。また同様に、ガラティア地方ゲルミアにある一万の天使を祀った聖所に、死の二年前、五六三年十月に参拝巡礼もした。それは、コンスタンティノープルを出ることがほとんどなかった八十一歳の老人にとっては長旅であった。さらには、宗教政策を扱った章で再び触れることになるが、彼のキリスト教信仰は、皇帝としての役割を担ううえでも、理念上の構成要因だったのである。

3 テオドラ

テオドラは、おそらくユスティニアヌスよりも十四歳年下であった。彼女は、見せ物小屋で生まれた身だった。そして、プロコピオスの記事を信じるならば、円形闘技場のクマ使いの娘であった。プロコピオスはまた、彼女を不行跡のゆえに非難した。そして、下層の男たちを相手に売春行為を行なったとさえしている。しかし、プロコピオスが『秘史』のなかでテオドラに帰している性的乱行は、文学的な諸テーマを大げさに潤色したということであり、真に受けることはできない。テオドラを崇拝したエフェソスのヨハネスもまた、たしかに、彼女がポルネイオンつまり売春館の出身であったと語っている。しかし、ヨハネスが厳格な修道士であったことを考えると、彼にとって劇場と売春宿とに大きな違いはなかったにちがいないのである。当時の社会では、「観客大衆にその身を見せる女優は、大勢の客にその身を提供する女性と同一視されていた」のだった（J・ボーカン）。テオドラは、かくして内縁関係を結ぶ生活を送ることとなった。相手はたぶんヘケボロスという名の男である。この男は、属州リビアの統治者となり、彼女を捨てた（彼女の過去の境遇を知って、結婚することができなかったのである）。テオドラには娘が一人いた。また、おそらくある時期、アレクサンドリアで生活をしていた。彼女が単性論派を受け入れたのは、総主教ティモテオス三世期のアレクサンドリアにおいてであった（他の史料によれば、この単性論への入れ込みは、彼女がシリア地方の出身であったことを示すという）。彼女がコンスタンティノープルにやってきたとき、ユスティニアヌスは彼女と結婚したいと願い、そう決めた。この結婚は、損得や、地位・財産を考えた結婚ではなかった。ユスティニアヌスは、まずもって叔父に働きかけ、彼女にパトリキアの爵位が授与されることに成功した。ついで、五二〇年から五二四年のあいだに一法令を発布し、これによって、元老院身分の者が役者であった女性と結婚することを禁じていた法的措置を撤廃させた。この新しい法令は、明確にテオドラを念頭に置いていた。というのも、この法は、かつて役者であったがすでに栄誉称号を得た女性に、相手が誰であれ結婚できる、と認めるからである（ユスティニアヌス法典、第五巻第四章第二三法）。ところが、ユスティヌスの妻であった皇后エウフェミアがこの結婚に断固反対していた。彼女自身、出自が下層だったにもかかわらず、これは貴族層の抱く想いの反映であった。かくしてユスティニアヌスがテオドラと結婚できたのは、実にエウフェミアの没後の五二四年になってのことだった。

テオドラは、ユスティニアヌスの妻になると同時に皇后として戴冠され、実質的な政治的役割を果たすようになった。しかし、この側面を過度に強調してはならない。ニカの反乱の際に、ユスティニアヌスを説得して暴徒に相対させたのは彼女だった。他方われわれは、彼女が、コスローやテオダトスのもとへ必要に応じて独自の外交使節を派遣したことや、みずからの寵臣(バルシュメス、ナルセス、ヴィギリオス)を推挙したこと、幾人かの主教を(首都でアンティミオスを、アレクサンドリアでテオドシオスを)選出させたことを知っている。そして、ある道管区長官(カッパドキアのヨハネス)の反乱を引き起こしたのは、まさに彼女の計略だった。彼女は、この長官ヨハネスを寵愛していなかったのである。いくつかの法は、テオドラの影響力の強さを明瞭に裏書きしている(たとえば、『新法』第八第一章)。彼女の肖像が貨幣に刻まれることはなかった。しかし、その肖像は、印章やモザイク上に残されている。長官たちの宣誓、銘文にも、ユスティニアヌスとともに彼女の名が含まれている。多くの都市が彼女の名を冠したし、彼女を顕彰して彫像も造られた。さらに彼女は、皇帝に与えられていたのと同じ尊称を求めてもいた。礼儀作法が強化されたのも、おそらくテオドラに帰されるべきであろう。つまり、元老院身分の者たちも、以後、皇帝の面前では跪き、その緋色の靴に口づけをしなければならない、とされたのである。彼女が移動する際には、華やかな儀礼が行なわれた。これは、五二九年にビティニア地方ピティオンの温泉〔現在のヤロヴァ西方約一〇キロメートル〕へ旅した折の史料所言から知られる。このときテオドラには、四〇〇〇人にも及ぶ宮廷人、宦官などが随行したという。この町には、宮殿、水道、公共浴場、教会、病院が、ユスティニアヌス治世に建設された。それは、テオドラの気前のよさの現われである。これらの出来事は、全体として、テオドラが果たした役割の重要性をよく示している。しかし、彼女が実際に帝国を牛耳っていたとするプロコピオスの記述や、彼女がユスティニアヌスとともに統治したと述べるヨハネス・リュドゥスの記述を、われわれは鵜呑みにしてはならない。再征服戦争や内政において、彼女が関わっていたことを示す証言は、ほんのわずかしかないのである。また、宗教政策に関してテオドラが、ユスティニアヌスに迫害された単性論派の多くの主教、修道士たちを保護したとしても、彼女の実際の権力は限定されていたように思われる。と言うのも、彼女は、夫がカルケドン公会議に寄せていた執着を変えることはなかったからである。

4　道管区長官とその他の官僚たち

ユスティニアヌスは、その全治世を通じて、有能、忠実かつ献身的な官僚たちの助力を得ることができた。もっとも、彼ら官僚は、その職から莫大な個人的利得を引き出すことができていた。首都に住む元老院身分貴族の蓄財の大半が属州に赴任した際のものと言えたし、属州出身の新しく任命された者についても同じことが言えた。多くの者は長年にわたって現地にとどまった。ユスティニアヌスは、忠誠を誓った彼らから離れることを好まなかった。もっともこれは、彼らの目にはユスティニアヌスが疑り深いと見えていたのではあったが。しかし、ある者たちを罷免したり召還したりしていることから判ることは、ユスティニアヌスが、しばしばあれこれの派閥をうまく使っていたにちがいないということである。あるいはそれは、少なくとも、彼がさまざまな政策のあいだを揺れ動いていたことを示している。

道管区長官――ユスティヌス治世下では四人の長官が就任したが、彼らは特別の輝きをもった人物ではなかった。アピオン（五一八～五一九年）、マリヌス（五一九～五二一年）――この人物はすでにアナスタシウス帝のもとでこの職に就いていた――、ついでデモステネス（五二一～五二四年）、アルケラウス（五二四～五二七年）である。ユスティニアヌス自身の治世初期、つまり五二七年から五三一年にかけては、やはり四人の長官が矢継ぎばやに同職に就任した。アタルビウス、メナス、再びデモステネス、そしてユリアヌス、である。これらののちに、カッパドキアのヨハネスが登場することとなる。このヨハネスは、五三一年から五三二年一月まで、また五三二年十月から五四一年まで、オリエンス道管区長官であった。彼は、ユスティニアヌスがマギステル・ミーリトゥム・プラエセンターリスに就任した五二〇年以来、そのもとで書記官を務めてその信任を得ていた。ヨハネスは教養がなかった。しかし、傑出して職務にたけて、有能さを発揮した。プロコピオスとリュドゥスは、ヨハネスに好意を寄せていない。彼が富裕者に負担を強いたからというのである。プロコピオスらは、ヨハネスが何よりも自身の個人財産の蓄積に邁進した、と非難する。彼らは、ヨハネスのことを次のような表現で説明する。「カッパドキア人は生来性悪である。権力の座に就くと、なおいっそうたちが悪い。金銭の獲得に関わるとなると、もはや何者にもまして救いようがない」。プロコピオスやリュドゥスは、またヨハネスを、自堕落で迷信深いと非難する。ヨハネスは、緑組の支持者として、テオドラから嫌われていた。彼は、テオドラに対し特別の敬意を示していなかった。テオドラは、友人アントニーナとともに陰謀を図り、五四一年にヨハネスを失脚させる。ヨハネスは、娘エウフェミアの願いで、アントニーナとの待ち合わせに出かけたのだが、そのとき彼は、ユスティニアヌスに対する陰謀に加担することを表明したのである。

さて、そこには、皇帝が派遣した者たちが隠れていた。彼らはヨハネスを捕らえようとしたが、ブケラリオス隊によって阻止された。ヨハネスは、匿ってくれるよう求めながらある教会に逃げ込んだ。そのこと自体が、彼が自身の罪を認めたことと見なされた。ヨハネスは罷免され、教会の助祭としてキジコスに派遣され、その資産は接収された。五四二年、首都の主教の殺人に加担したかどで告発され、鞭打ち刑に処せられたあと、アンティノオポリスに流刑された。彼は、五四八年、テオドラの死後に首都に戻った。しかし、かつてのような政治的役割を担うことはなかった。

教養ある異教徒元老院議員フォーカスが、ニカの反乱後の数か月間、ヨハネスのかわりに道長官になっていた。彼は、これより数年後に、キリスト教に強制改宗させられるのを避けて自殺した。プロコピオスは、このフォーカスを清廉な人物としている。しかし、カッパドキアのヨハネスの後継長官となったテオドテス（五四一〜五四三年）ほどの評判はない。テオドテスは、五四六年なかばから五四八年初頭にかけて再び道長官になった人物である。

ペトロス・バルシュメスは、銀行家であり、テオドラの庇護を受けた人物で、かつては道管区の書記であったが、五四〇年には帝室財産管理局長になっていた。プロコピオスは「際限なく実に器用に盗みをする」と評している。彼は、テオドテスのあとを継いで道管区長官になった（五四三〜五四六年）。当時は、ユスティニアヌスの歳入要請が急を要していた時期だった。彼は、最初の道管区長官在勤後に、帝室財産管理局長になったが、数年後の五五五年に再び道管区長官職に復帰した。彼のこの二度目の長官就任が、ユスティニアヌス期に知られる最後の道管区長官である。

五四八年にテオドテスを継いだのはバッススであるが、数か月しか職に留まらなかった。プロコピオスは、バッススを、フォーカスとともに長官在職中に不法な蓄財を慎んだ人物だったと記している。もっともプロコピオスは、それは彼があまりに短期間しか職になかったから、と書き添えてもいるのだが。バッススは、カッパドキアのヨハネスと親しかった。ヨハネスが小アジアに旅行したときも、数週間代理を務めていた。ヨハネスの追放が終わったのも、バッススが長官だったときである。さて、バッスス後の歴代長官は以下の通りである。エウゲニオス（五四八年末～五五〇年秋）、シリア人で元税関管理官だったアッデアス（五五一年）、ついで元エジプト統括官のヘファイストス（五五一年末～五五二年末）である。ヘファイストスは、ユスティニアヌスが、アレクサンドリアで総主教アポリナリオスを指名させたときに道管区長官に任命した人物で、この地域で単性論派を抑圧する任務を負っていた。ヘファイストスのあとには、元首都長官で元軍司令官でもあったアレオビンドス（五五二年末～五五四年）が就任し、彼のあとには再びペトロス・バルシュメスが就任した。

諸官署の長官たち――パンフィリア出身のトリボニアヌスは、五二九年に財務官になっていた（五三二年に一時離職）。彼は、おそらくベイルートで法学を修めていた。そこには、歴史教育、法学研究とラテン語教育の水準の高さで有名な法科大学があった（五世紀以降はギリシア語で講義が行われていたが）。トリボニアヌスは、その後、道管区長官の役所に入り、法典の再検討を総括指揮するようになる。彼は、五三三年に官房長官になり、五三五年から五四二年にかけて再び財務官を務めた。彼は辣腕の財務官だったが、欲深くもあった（プロコピオスは、「法を売って儲けを得るのにたけている」と評している）。ユスティニアヌスは、彼の没後にその財産の一部を接収した。

ペトロス・パトリキオスは、ユスティニアヌスの大使としてヴィティゲス（東ゴート王。後述九〇～九三頁参照）のもとに派遣され、捕虜となった人物である。五三九年に官房長官となり、五六五／六年に亡くなるまでその職に留まった。さまざまな外交使節を務め、五六一年にペルシアと和平を結んだのは、このペトロスである。

ユスティニアヌス治世の将軍たち――トラキア＝イリュリクムの出身のベリサリオス（皇后テオドラの親友アントニーナの夫）は、ユスティニアヌスの軍団を率いてたびたび遠征を行った。対ペルシア、対ヴァンダル、対東ゴート、そして最後に対フン。彼は、皇帝から何度も不興をこうむったにもかかわらず、つねに皇帝に忠実だった。妻アントニーナは、皇后のお気に入りだったが、たいがいは夫の遠征に付き従っていた。

ユスティヌスのもう一人の甥ゲルマヌスは、繰り返しビザンツ軍を指揮し（五二五年にはアント族に記念すべき敗北を舐めさせた）、オリエントやアフリカへの遠征を引き受けた。没する少し前には、イタリア軍団の指揮を任されている。テオドラはゲルマヌスを嫌った。それは、彼がユスティニアヌスの後継候補に思えたからであり、また、おそらく彼の母親によって、ローマの古い家柄の貴族と縁組みさせられていたからだった。当の本人は、一貫してユスティニアヌスへの全幅の忠誠を示していた。

アルメニア人の宦官ナルセスは、幼少時にコンスタンティノープルにやってきて、五三〇年以降に皇帝の居室係になった。それは、軍司令官と同等の位階だった（彼は五五四年になってもその職にあった）。ナルセスは、ユスティニアヌスとテオドラの二人から寵愛を受けた。ニカの反乱のときには軍団を指揮し、五三五年にはアレクサンドリアに命令を届ける役目を引き受けた。五三八年に初めてイタリアに派遣され、この地方の再征服を五五〇年以降に成し遂げることになった。

第三章　法と秩序

I　権力の確立（五一八〜五三二年）

1　ユスティヌス時代

アナスタシウス派への対応――ユスティヌスの皇帝選出については、エヴァグリオスが「それはあらゆる予想を裏切って」起こった、と記している。帝室長官だった宦官アマンティオスは、前帝アナスタシウスと同じ単性論派であり、単性論派のドメスティコスであるテオクリトスを帝位に推そうとしていた。このほかにも、帝国行政官僚と帝室勤務官僚とのあいだの対立関係を背景として、元老院では他の多くの候補者の名が挙がっていた。いずれにせよ、アマンティオスが謀略を図り、公に新皇帝選出の声明を発したのは、七月十六日ないし十八日以降のことであった。しかしそれは成功しなかった。アマンティオスは、もうひとりの謀略者とともに斬首刑に処せられた。新皇帝に選ばれることを望んでいたテオクリトスは、牢獄で処刑され、その遺体は海に投げ込まれた（ただし、単性論派の諸史料では、これらの犠牲者は彼らの殉教者とされている）。別の候補者は、ユスティヌスの指揮下に入ることを余儀なくされ、帝室勤務官僚たちは追放された。敵対者やライバルたちに対する仮借ない対応は、すでにユスティニアヌスの所業だったと思われる。

ヴィタリアヌスの排除——属州スキティア出身のヴィタリアヌスは、みずからをカルケドン派オルトドクス〔正統信仰〕の擁護者をもって任じていた。これによって彼は、五一三年にアナスタシウスに対し反旗を翻した。彼は、五万人から六万人規模の軍団とともに、首都郊外のヘブドモン練兵場に到着し、駐屯した。そして、儀礼に採り入れられていた単性論派的文言の撤廃と、カルケドン派のゆえに追放されていたコンスタンティノープル総主教マケドニオスとアンティオキア総主教フラヴィアノスの召還を求めた。最初の交渉によって彼は退却することとなる。ところが、皇帝が彼との約束を履行しないと、ヴィタリアヌスは再び敵意をあらわにした。彼を撃つべく派遣された軍団を撃破し、トラキアの半分以上を支配下に置いたのである。ついで彼は、艦隊を得、地上軍とともにコンスタンティノープルを脅かした。皇帝は再び交渉を行なった。贈り物をし、ヴィタリアヌスをトラキア管区の軍司令官に指名し、公会議を開催することを約束した。ところが、反乱軍の艦隊は、五一五年秋の戦闘で深刻な敗北を喫することとなった。ヴィタリアヌスは北トラキアに逃れ、そこで弱体化しながらも抵抗を続けた。

アナスタシウスの死後、ヴィタリアヌスは、他の追放されていた高官たちとともにコンスタンティノープルに呼び戻された。カルケドン〔アジア側の地名〕の聖エウフェミアの聖所で、ユスティヌスとこの元反乱者とのあいだで誓約が取り交わされた。ヴィタリアヌスは、ユスティヌスにとって、なお危険な有力対抗者と思われたのである。カルケドン派の人びとの支持を得ていただけに、なおいっそうそうだった。彼は、首都軍団司令長官に指名され、パトリキオスの爵位を得、空席となっていたコンスル職を約束された。しかしこのコンスル職に就任した同じ年、つまり五二〇年の七月に、彼は暗殺された。この事件に言及するすべての史料が、この殺人をユスティニアヌスの仕業に帰している。ユスティニアヌスは、まもなくヴィタリアヌスのあとを継いでコンスルになった。そして、このときから彼は、叔父の政治を推進する第一の牽引役となったのである。

党派の暴行――ユスティニアヌスは、テオドラ同様、青組の支持者だった。彼は少年期から、緑組に対して不満をもっていたようである。ユスティヌス治世当初の数年間に、青組が引き起こしたトラブルがあったらしい（この点で、プロコピオスの証言はマララスの証言によって裏づけられる）。青組は、皇帝の支持に気を強くして、緑組に対し、ありとあらゆる暴行を働いた。掠奪、殺人、強姦などの狼藉《ろうぜき》は、コンスタンティノープルばかりでなく、帝国内のいたるところで散見された。これには、おそらく前帝に対する反動の表われを見る必要があるだろう。アナスタシウスは、緑組と同盟関係にあった赤組の支持者だったのである。諸高官、公的地位にある者たちが、新政権の支持者となり、このような場合によくある結果となった。権力者の友人となり、罪から免れたいと思ったのである。さて、このような暴行は、明らかにユスティヌスの知らぬところであった。もっとも彼は、ユスティニアヌスが重病であったときに、この件について知らされる。ユスティヌスはこのとき、「かぼちゃ頭」と綽名《あだな》されるコンスタンティノープル市総督テオドロスに徹底的な鎮圧を命じた。その結果として、諸党派は一時的に互いに平穏を保つことになった。五二一年、アンティオキアでのオリンピア競技が中止される。これは、疑いなく、まさに青組による暴動を避けるためであった。五二三年以降、平穏が戻っていた。しかし、当局は圧力をかけ続けていた。五二七年、ユスティニアヌスが共同皇帝になったとき、彼は叔父とともにある勅令を発布している。これは、威嚇的な調子で諸党派に向けられていた。しかし、これもその後の混乱の再発を抑えることにはならなかった。すなわち、五二九年、アンティオキアにおいて党派間で衝突が起こり、皇帝は、数か月間にわたって馬車競技を禁止することになる。

2 ユスティニアヌス治世初期

ユスティニアヌスの皇帝即位は、目立った混乱もなく実現された。高位高官たちから共同皇帝として選出されたときにも、なんの抵抗も見られなかった。プロコピオスは、この選出が周到な脅しの結果だった、と断言している。ユスティニアヌス指名の正統性は、ユスティヌスとの親戚関係によってなんら損なわれることはなく、むしろそれによって強まっていた。つまり、ユスティヌスの養子となったこと、ユスティヌスの摂政となったこと、数々の爵位を帯びたこと。これらによって、彼には権力に上りつめる道が開かれていたのである。また、その治世当初の数年間を通じて、彼の権力に対してあからさまな抵抗もなかった。宗教政策的な諸施策によって五二九年にサマリア人の反乱が起こったが、この暴動もパレスチナ地方に限られたものだった。それが、ユスティニアヌスの正統性を揺るがすようなことはなかったのである。

ニカの反乱——ところが、ユスティニアヌスの権力は、われわれが考えるほどには確固たるものではなかった。それは、五三二年一月に首都で起こった深刻なトラブルが示す通りである。このトラブルは、青組、緑組のあいだで生じた単純な衝突によって引き起こされた。しかしそれは、実に深刻な不満の表われだった。この事件について、プロコピオスは、偽ザカリアスと同じく、カッパドキアのヨハネスが行なった財政施策に、その原因の一端を求めている。また、マララスの記述を信じるならば（これはローマノス・メロードスによっても確認される）、五三〇年に起こった自然災害（群発地震、飢饉）が、食糧危機を引き起こしたことも考えられる。他方、この暴動に元老院身分の一部が加担していたこと、また、アナスタシウスの一族の者に皇帝をすげ替えようとの試みがあったことからして、貴族身分の一部には、確固たる抵抗が伏在していたことが明らかとなる。彼らにとってユスティニアヌスは、なおもって成り上り者と見なされていたのだった。

『テオファネス年代記』には、ある対話が伝承されている。それによると、緑組がヒッポドロームにおいて、彼らに対して行なわれていたある官吏の専横を告発した。彼らは、拒絶され、皇帝に直接向かってこのように言ったという。「このサッバティウスは生まれることはなかった」。青組は彼らを無視した。彼ら緑組が憤慨し、乱闘をし、逮捕されても意に介さなかった。テオファネスが考えたように、暴動を引き起こした事件が、そこで問題だったかどうかは定かでない。もっともわれわれは、この記事から、両党派がこの後さまざまなトラブルを起こしたことを知る。コンスタンティノープル市総督エウデモヌスは、両党派の煽動者を逮捕させた。そして、七名を死刑に処した。つまり、四名を打ち首、三名を絞首刑に科したのである。しかし、刑の執行に立ち会った群集が脅威となって死刑執行人は動揺し、青組の者一名、緑組の者一名が、まだ生きている状態であいついで死刑台から落ちてしまった。彼らは、すぐに群集によって近隣の修道院に連れて行かれた。修道院の修道士たちは、両名をアジール区域（公権力も介入できない平和空間）に連れて行った。首都総督はこれを監視させるにとどまった。

さらにそのうえ、競技は三日間にわたって行なわれた。そしてこの三日間、群集は断罪された二名の恩赦を求めたが、それを勝ち取ることはできなかった。最終一月十三日の火曜日、諸党派は連帯してヒッポドロームを出ていった。彼らは、「ニカ、勝利者よ」（通常は勝利者の色に向けられる歓呼だった）と叫んで、市総督府に向かって進んだ（その所在場所については議論があるが、それがアウグステオン広場とコンスタンティヌス広場のあいだにあったことは間違いない）。彼らの恩赦要求は拒否され、はねつけられた。すると彼らは強引に総督府に入り込み、数名の衛兵を殺害して、囚人を解放し、火を放った。その後、彼らはアウグステオン広場方向に引き返し、カルキ門を焼き払った。そこから炎が元老院に燃え移り、ハギア・ソフィア聖堂、また他の建物へと次々と広がっていった。

翌日の十四日水曜日にも、馬車競技はなおも行なわれた。群集は静まらず、彼らの要求は政治的様相を呈してきた。彼らは、エウデモヌスとオリエンス道管区長官カッパドキアのヨハネス、また財務官トリボニアヌスの罷免を求めた。皇帝はすぐに譲歩したが、それはなんの問題の解決にもならなかった。

群集は宮殿を取り囲み続けた。そこには、ユスティニアヌスと、長官たち、また多くの元老院議員たちがいた。軍隊によって事態を打開させるか？　ユスティニアヌスは、正規軍にそれほど信頼を置いてはいなかった。防衛能力よりも見た目ばかりが立派な宮廷警護隊も信頼していなかった。また、ペルシア戦線から帰還したばかりの連隊もあてにはしていなかった。しかし、そこにはベリサリオスがブケラリオス隊とともにあった。ベリサリオスは脱出を試みさせたが、その際数名が殺害された。この介入はほとんど功を奏さず、さらに群集を興奮させただけだった。群集は、あちこちに火を放ち続けた。

十五日の木曜日、デモの参加者たちは、直接ユスティニアヌスに非難を向けた。おそらくこれには、ユスティヌスの皇帝選出時に敗北した一派の策謀を見て取る必要がある。彼らは、アナスタシウス帝の甥の一人を皇帝に就けようとした。甥のうち二人、ヒュパティオスとポンペイオスが皇宮内にいた。群集は、夜間のうちに、アナスタシウスの第三の甥プローブスの館に向かった。しかし、プローブスは、多くの元老院身分の者たち同様、すでにコンスタンティノープルを出ていたので、彼の館は火をかけられた。十六日、十七日には、新たな火災が発生した。十七日、自分の命の心配をしていたユスティニアヌスは、宮殿内にいた多数の元老院身分の者たちに、宮殿を出るよう強制した。ヒュパティオスとポンペイオスは留まることを希望したが、それぞれ自身の館に帰らされた。

十八日の日曜日、皇帝はカティズマ（ロイヤルボックス）に姿を現した。彼は（アナスタシウスがかつて反乱時にそうしたように）手に福音書をもち、群集をなだめようとした。群集のなかに多くの支持者がいると見ていたのだが、どうにもならなかった。ユスティニアヌスが宮殿内に戻ると、反対者たちはヒュパティオスを探し始めた。彼らは、ヒュパティオスを肩に乗せてコンスタンティヌス広場に連れだし、その意向に反して彼を皇帝と宣言した。多くの元老院議員たちが彼のもとに集まり、ユスティニアヌスは逃げ出したという噂が流れたので、ヒュパティオスはヒッポドロームに行き、皇帝が身につける緋色の着衣をまとって、カティズマに姿を現すことに同意した。この間、ユスティニアヌスと随員たちは、とるべき行動について議論を交わしていた。ベリサリオスとブケラリオス隊の数名が、ヒュパティオスを宮殿からカティズマに通じる廊下を通る際に捉える作戦を敢行した。しかし、宮廷警護隊が彼らの前に立ちふさがった。ユスティニアヌスは絶望し、ただちに逃げたいと思っていた。一艘の舟が宮殿の皇帝専用のはしけに用意され、ヘラクレアに皇帝を連れて行く準備が整えられた。テオドラが状況を変えたのは、まさにそのときだった。プロコピオスは、彼女が、われわれもその一節を知る次のような言葉を言ったとしている——実のところは、シラクサの独裁的支配者ディオニシオスが述べたものに似た言葉があり、その引喩であった。「皇帝の衣こそが最高の死に装束、といういにしえの言葉が、私は好きです」。

テオドラの介入がなんであったとしても、そのときユスティニアヌスは踏みとどまることにした。緑組の一団が、宮殿のはしけに攻撃を加えているあいだ、ベリサリオスとムンドゥスは、ゴート族およびヘルリ族からなる麾下の軍団とともに宮殿から脱出した。そして、ヒッポドロームの二つの入口を占拠した。煽動者たちが群集に紛れ込み、ある者たちが「ユスティニアヌス万歳」と叫びはじめた。合図が出され、数個の軍隊が入っていった。そして、ナルセス麾下の別の一隊が逃げ出そうとする者たちを遮断しているなかで、ヒュパティオスとポンペイオスの目の前で、その場に居合わせたすべての者を無差別に虐殺しはじめた。諸史料によると、犠牲者は三万、あるいはそれ以上であったという。逮捕され、ユスティニアヌスのもとに連行されたヒュパティオスとその兄弟は、身の潔白を主張した。テオドラが思いとどまらせなかったなら、皇帝は彼らに恩赦を与えたかもしれない。彼らへの刑の執行は翌日行なわれた。彼らを支持していた元老院議員たちは追放され、彼らの財産は接収された（それらは、ユスティニアヌスの執政第二期、五三三年に返還された）。

この容赦ない抑圧によって、その後長年にわたって反乱の気運は鎮められ、緑組と青組とのあいだの暴力沙汰も収まった（五四七年になるまで事件は見られない）。他方、両者の衝突を避けるために、馬車競技は五年間中止された。それにしても、損害は計り知れなかった。一連の事件の目撃者であったヨハネス・リュドスは、次のように書き記している。「町はもはや黒ずんだ丘の塊でしかなかった。リパリやヴェスビオスのように、灰や煙、焼けた臭いがいたるところに広がり、そこはもはや住むことができなくなっていた。その景観は、見る者に敬虔な気持ちが入り交じる恐怖心をもよおさせた」と。再建の大計画が立てられ、着手された。ハギア・ソフィア聖堂の再建は、二月二十三日以降に始まった。カッパドキアのヨハネスは、ただちに召還され（五三二年十月）、一〇年近くにわたってユスティニアヌスに仕えて、その再建事業に貢献することになる。

Ⅱ　法制・行政改革（五二八〜五四一年）

ユスティニアヌス治世の第一期は、旺盛な法制活動によって特徴づけられる。ユスティニアヌス自身、「神の御意に叶い、その臣民にとって有益となる」諸施策を考えるために連日連夜を過ごした、と述べている（『新法』第八）。ユスティニアヌスが執ることとなる諸施策の多くは、ユスティヌス治世にすでに彼が着手していた。しかし、実施に移したのは、単独帝になってからのことである。

1　法制事業

ローマ帝国は、ユスティニアヌス期にいたるまでのあいだに一大法令群を有していた。ただ、それらは扱うのが困難なものだった。古法（ius vetus）があり、元老院が定めた法や勅法（senatus-consultes）があった。それらは、少なからずすでに廃れたものであったが、傑出した法学者の見解だった。また、二世紀以来の皇帝立法、つまり新法（ius novum）があった。これらの諸法、諸法制は、一般規定の点においてつねに主旨が一致しているわけではなかった。また、つねに参看しえたわけでもなかった。他方、法学者たちは、それらを解釈するにあたってさまざまな見解を採っていた。これらの諸法を再編成しようという試みは、以前にも多く行なわれていた。すなわち、『グレゴリウス法典』（Codex Gregorius）、『ヘルモゲニウス法典』（Codex Hermogenius）、ついで四三八年には、『テオドシウス法典』（Codex Theodosius）が三一二年以降に発布された諸法を集成していた。

五二八年二月十五日、ユスティニアヌスは、一つの委員会を設立した。主査は、カッパドキアのヨハネスであった。ユスティニアヌスは、この委員会に法令の新しい集成を行なうよう指示した。『ユスティニアヌス法典』（Codex Justinianus）が成立するのはこの翌年である。同法典は、先行する三つの法集成に採録された諸法を体系化し、簡単化した。そして、テオドシウス法典編纂後に公布された法を加えた。この改訂法集成は五三四年に成立している。全十二巻から成り、ハドリアヌス帝以来の諸法を選択的に集めたものとなった。

五三〇年、トリボニアヌスを主査とし、六名の傑出した学者から成るもう一つ別の委員会が設置された。この委員会はローマ法学者の諸見解を収集し、要約する任務を負わされた。この委員会は、五三三年十二月に『学説彙纂』(Digesta、別名『パンデクテン』(Pandectes))を公刊した。これは、全一五二八巻、三〇〇万行に及ぶ閲読作業の結果、全五十巻、四三二章、一五万行にまとめあげられたものだった。委員会の作業期間中にニカの反乱が起こったが、作業は中断されなかった。ユスティニアヌスは、これが法集成の決定版となることを期待していた。彼はまた、それらの法に注釈を加えることを許さなかった。ただ、索引と要約、またギリシア語への文字の翻訳についてのみ、これを許した（『学説彙纂』に対して許されたこの原則は、おそらく法大全の全体にも適用された）。同年、学生が使用するマニュアルとしての『法学提要』(Institutiones）が公刊された（すでにこれと同名の書物があり、それは二世紀の法学者ガーイウスが作成したとされる)。これらが、全体として『ローマ法大全』(Corpus Juris Civilis)を構成した。なお、この名称は十六世紀になって付けられたものである。

しかし、ユスティニアヌスの法制事業はこれで終わったわけではない。さらに、数々の新法(Novellae)が、五三五年以降発布されていった。これらは旧法を補完し、改正するものだった。五五五年に最初の新法集が取りまとめられる。これは一二四の新法のラテン語要約を含んでいる。もう一つ別の新法集成が、五八二年以前、ティベリオス帝のもとで編纂されている。これは、一六八の新法からなり、その多くはラテン語である(うち数通は、ユスティノス二世とティベリオスの新法である)。第三の集成は「本物の」と呼ばれるもので、ギリシア語と忠実なラテン語訳からなる一三四の新法を含んでいる。これは、おそらく五五六年に、イタリアに適用されるべく発布されたものだった。ユスティニアヌスは、また法学教育も再編した。アレクサンドリアとカイサリアの法学校を、水準が不十分であるとの理由で閉鎖し、法学教育をベイルートとコンスタンティノープルに集中させた。彼はまた法研究を再編成し、以後四年間で行なわれるようにした(第一学年の学生は「ユスティニアニ・ノヴィ」、「ユスティニアヌスの新学生」と呼ばれた)。

この改革全体は、古典古代を盾にとり、これを崇敬し再興させると主張するものであり、正統的で古典的な言葉と衣をまとってはいるが、実のところたいへん革新的である。それは適用されたのだろうか?

法典は壮大で実用的ではなかった。それはおそらくコンスタンティノープルでは用いられたが、その他の場所ではあまり使われなかっただろう。用いられた言葉自体、シリアやエジプトといった属州ではよく理解されなかったにちがいない。これらの地域では、町の法廷での調停が好まれ、仲裁人として司教が利用されていた。一世紀後、法典はオリエントでも忘れられていた。法典は、十一世紀にイタリアで再発見される。この出来事は、この十一世紀以降、またとりわけルネサンス期における西欧での法の復活の起源となった。そして、その際、法典は、ユスティニアヌスの栄光を高めるのにあずかっておおいに力があったのである。

2 行政改革

行政の改革の大半は、カッパドキアのヨハネスが総督になって任期第二期目に実施に移された。しかし、その多くは、おそらく第一期中に準備されていた。諸改革は、規律化を目標としており、また、その他の項目とともに、とりわけ税の徴収に関する国家業務をより能率的なものにすることを狙っていた。改革はまた、むだと判断される官吏や組織をなくして節約することを狙ってもいた。五二八年以降に発布された一法令（『ユスティニアヌス法典』第一巻第五三法）は、すでに公職における深刻な濫用を根絶しようとしていた。すなわちこの法令は、官職者が、その在職中に、購入や贈与によって財産を取得することを禁じたのである（この措置はすべての官職に及んだが、おそらくほとんど適用されることはなかった）。また、他の法令は、やはりすべての官職者が、その職務執行中に受け取る贈与の額を大幅に縮小させた（『ユスティニアヌス法典』第三巻第二法二〜五節）。

オリエンス道管区長官は、自身の特権の強化を目指した。すなわち、行政官吏にあてられる財政命令はすべて、彼の同意を受け、彼によって発せられなければならなかった。これは、官房長官の職権を侵害するものだった。官房長官は皇帝の書状に配慮するものとされていたのである。他方、オリエンス道管区長官は、他の長官たち（実際には、官房長官とこの種の任務を遂行した情報収集局）に対して、都市参事会員や属州官吏を逮捕し、法廷にかけることを禁じもした（『新法』第一五一、第一五二）。オリエンス道管区長官と、各ディオイケーシスの長官を構成した行政官とのあいだの中間職は、すでに消滅しつつあったが、完全に廃止された。最後の職が消滅したのは五三五年であった。

行政官に関する新法は一一通ある。五三五年に発布されたその一つは、行政官が職務売買を行なうことを禁じた。つまり彼らは、その指名時に、以後納入されるべき諸税の収得を確実に期待できたのである（それは金六三ソリドゥスから一九六ソリドゥスに及んでいた）。しかし、彼らは、「推薦」を買っていないと宣誓しなければならなかった。この「推薦」とは、彼らに官職を得させることを約束したスフラギウム（suffragium）のことであった。別の新法は、行政官たちに対し、被統治者への義務を改めて肝に銘じさせている（『新法』第八、第十七）。彼らの権威は地方名望家層によって翻弄されていた。この権威を取り戻すために、その権力と給与が増大された。小アジアの属州の多く（ピシディア、リカオニア、カッパドキア）では、彼らは民政と軍政を担当していた（カッパドキアでは、皇帝御料管理官を監督してもいた）。彼らは、これらの属州では、プロコンスル、プレタトル、モデラトル、コメスの称号を得ていた。他に、属州のドゥークスに従属することなく、軍団を指揮する者もいた（『新法』第八）。トラキアでは、二人の無能なディオイケーシス長官と長城長官が「トラキアにおけるユスティニアヌスのプレタトル」にかえられ、この新任者の管轄領域は、民事と軍事にわたった（『新法』第二八）。しかしながら、民政と軍政の分離は、以下の諸属州では残った。つまり、アルメニア第一、同第二、フェニキア、アラビア、パレスチナ第一の各属州である。

官職売買に関する法は、官吏（officiales）、つまり下級官職者についてのものではなかった。しかしながら、これらの官職に就くことはますますもって難しくなっていった。勤務時間は長くなったものの、ポストの数は少なくなっていたのである。書記の数は一四から八になった。同じく経済的配慮のもと、ユスティニアヌスは聖職者の数を限定することにも目を向けた。逆に、支払いをすることで手に入れられる、単に肩書きだけの爵位を多数創設したのである。

属州組織はいくつかの修正を受けた。五二八年以降、内アルメニア地方は、属州大アルメニアになった。しかし、五三二年以後、この属州と巡察使たちは、属州ポントス・ポレモニアックとともに改変され、以後、アルメニアには四つの属州が存在することとなった。これらの措置は、女性に相続権を与えるローマの相続法を、大アルメニアに導入することとなった。また、この地方の名望家層に与えられていた免税が排されることともなった（『勅令』第三、『新法』第二八、第二九）。他方、別の場所では、ある新しい行政区分が創設された。その版図には、メシア第二、スキティア、エーゲ海諸島、カリア、キプロスが含まれた。これらはすべて海や川に面した属州であり、海軍を支えることのできる属州であった。この新しく設定された行政区分の首座は、黒海沿いのオデッサにあった。そして、その長には、軍団財務官が据えられた。この者は、民政、軍政の長として統治した。そして、とりわけドナウ下流域地帯の防衛にあたった（『新法』第四一）。

エジプトは特別の地位にあった。アレクサンドリアのプラエフェクトゥス・アウグスタリスは、エジプト全体の代官（Vicarius）だった。アレクサンドリアは、五三六・七年に宗教的理由による深刻な争乱を経験する。このとき改革は、五三九年八月になってやっと行なわれたが（『勅令』第十三）、以後エジプトには、五名のドゥークスとアウグスタリスが置かれることとなった。彼らは、民政、軍政両面にわたる権限をもっていた（彼らはまた軍司令官の名のもとにおけるのと同じ権限を有した）。しかし、不思議なことに、プラエフェクトゥス・アウグスタリスは、このエジプト所在の諸属州のうえに立つ財政担当行政官として、いつまでも残った。改革に向けて持ちだされた理由は、以下の通りである。公共の秩序を保つこと、有力者層を税に服させ、彼らの影響力を排除して制定された諸規定に服させること、軍事活動から民政当局の権威を解放すること、である。アレクサンドリアのドゥークスは、特命全権者として、コンスタンティノープル向け小麦の徴発を行なっていたのである。

首都においては、いくつかの新官職が創設された。警察および司法をより実効的なものとするために、五三五年に、首都長官のもとにあった夜警隊長官（nycteparchus）のポストが廃止され、平民司法官職（praetorres populi/ praetorres plebis）が創設された（『新法』第十三第一章）。五三九年には、審査官（quaesitor）が創設された（これは宮廷財務審査官とは区別しなければならない）。この官職は、一方で、全国の属州からコンスタンティノープルにやってくる者たちのチェックを行なった。つまり、身元の確認、やって来た理由、最終目的終了後に地元に戻ることの確認を行なった。また他方で、コンスタンティノープル内で職もなく居住する貧民を監督した。この貧民たちは、身体に障害がない限り働くことを強制され、ないしは街から締め出されたのだった(『新法』第八十第一章)。

ユスティニアヌスは、同様に都市のいくつかの制度を改革しようとした。まず第一に、多くの先行諸皇帝と同様、彼は、都市参事会員がより魅力的な身分に流出することを阻止しようとした。すなわち五三一年、彼は、修道院で一五年間を過ごした実績をもつこと、また所有財産を一部なりと売却しないことを条件にしなければ、都市参事会員が聖職者になることを禁じた(『ユスティニアヌス法典』第一巻第三法二節)。参事会員層の諸義務には、宮廷警護隊への入隊が含まれたが、これら諸義務の免除は、最高位の位階者に留保された。そして、この規定導入以前に生まれた子供たちは、この特権を享受しないとされた(『ユスティニアヌス法典』第十巻第六七法)。都市参事会員が聖職者になることは、その後再度規制されている(『新法』第一二三)。他方、ユスティニアヌスは、コンスタンティノープルのデフェンソル〔護民官〕職を回復させようとした。これを二年任期とし、俗人有力者が順番に引き受けることとした。行政官は彼らを解任することができなかった。彼らの管轄領域は民事にも拡大され、彼らに課すことのできる訴訟費用が五〇ソリドゥスから三〇〇ソリドゥスに変更された。しかしこの改革は長続きしない。都市参事会員層が担う役職を再び重要なものにしようとした努力は、全体として失敗したといってよい。この時期、国家の増大する介入、とくに財政的介入のために、地方都市の参事会の没落にわれわれは立ち会うことになるのである。

司法もまた改革された。上訴権は、道管区長官の法廷を多少阻害するかたちで整備された。スペクタビレース位の行政官は、上告してクラリッシメス位の行政官の決定を取り消すことができた。新しい審理が創設されたのである。すなわち、一二名の「神聖なる判事」が、皇帝の裁判所を含む首都の法廷にあげられてきた訴訟を扱った。ユスティニアヌスはまた、極貧の訴訟人のためには無料の訴訟の制度化も行なった。この訴訟は、書記の経費を浮かしたので、シネ・スクリプティス（sine scriptis）つまり記録が残されないものだった。

カッパドキアのヨハネスは、このほかにも国家財政節約のために、帝国駅逓業務を改革した。これは、すでにレオン一世期（四五七〜四七四年）以来縮小されていたものである。アジア管区でこの業務を廃止し、他の場所でも馬をロバにかえて節約された。宿駅が廃止された。ヨハネスは、ペルシア国境に続く道についても現状のままにとどめた。正規のコンスル職は、その経費の大半が国家によって支弁されていた官職だったが、まず最初に規制を受け、五四一年以降完全に消滅した。軍団の経費は、兵士数の削減によって縮小された。スクリボネス（scribones）と呼ばれる官吏は、属州に派遣され、軍務にそぐわない兵士をすべて登録簿から抹消する任務を負った。これにより、アガティウスの記述を信じるなら、兵士数は約一五万人に戻ったという。

Ⅲ　治世後期（五四一〜五六五年）

災禍――ユスティニアヌス治世後半には、多くの深刻な問題が発生した。たび重なる戦争もその一因である。なぜなら、戦争の遂行には莫大な費用がかかり、財政圧迫に拍車をかけたからである。しかし、これに自然災害も付け加わった。これはたびたび起こり、規模も深刻となった。大地震が、五四三年にキジコスで、五四四年にトラキア沿岸で（このときには津波も起こった）、五四五年から五四八年にかけては帝国各所で（地震に続いて豪雨と不作が続いた）起こった。五五一年にはオリエンス道管区（ベイルート）は深刻な打撃を受け、これがこの町の有名な法学校の廃止を招来することとなる）とエーゲ海（コス島）、コンスタンティノープルで発生し、五五三年、五五四年、五五七年には、再びコンスタンティノープルその他で起こっている。五五〇年、洪水によってタルススが荒廃する。五五三年には、獣疫――牛のペスト――がオリエンス道管区を襲っている。しかし、最も深刻な惨禍は、ペストの猛威であった。それは、五四一年、エジプトに達し、そこからオリエンス道管区、小アジア、バルカン、アフリカ、イタリアに蔓延していった（そして、帝国国境を越えて、ペルシア、ガリア、スペインにまで拡大したのである）。コンスタンティノープルには、五四二年に到達し、三か月間で死者数は三〇万人に達したという。災禍は、幾度も訪れ、とりわけ五五八年は酷かった。人口の減少は生産の低下を招いた（未耕作地を割りあて、納税させるエピボレー制を実施したが、問題の解決にはならなかった）。物価がかなり上昇し、ユスティニアヌスは五四四年三月二十三日の法で、ペスト以前の水準に戻すよう命じて、物価上昇を阻止しようとした。

その他の不満の内容は、それと戦おうとする勅法群によって知られる。軍団はさまざまな不当な徴集を行ない、土地所有者をその住まいから追い立て、国庫の請負をし、支給品を濫用して支払いをしなかった。ペトロス・バルシュメスは、その最初の道長官在任時の五四五年に、不作に対処するため、フリギア、ビティニア、トラキアで小麦の買い占め（coemptio）を強制した。彼は、これを低価格で買いたたき、輸送費を所有者に支払わせた。これは、所有者たちを破綻させた一方で、首都では依然としてもの不足が解消されなかった。ペトロスはまた、俸給の支払いを遅延させ、兵士たちの大きな不満を惹起した。これらのことによって、結局ペトロスは五四六年に罷免される。しかし五四七年になると、彼は、今度は聖寝室長官として、新たな政策を実施するようになる。それには、年金の大胆な削減が含まれた（プロコピオスが非難した貨幣に関する策略は、いまだ解釈に議論がある）。五五四年、ユスティニアヌスは、五五四年九月一日以前の税の未払い分を軽減させた。これは、おそらく納税者の困窮を示す措置であった。五五六年、重要な法令が発布され、幾多の汚職が摘発された。とりわけ、官吏、警察、また判事までの買収が告発されたのだった。法令は彼らに「誠実にふるまい、適切に実務を行なうよう」求めている（『新法』第一三四）。しかし、すでに五五三年の段階でユスティニアヌスは国家の財源不足を嘆いており（『新法』第一四七）、これにより彼は、その最後の治世を通じて、いわば国債の強制割りあてを行なわざるをえなかったのである。それは、アフリカの詩人コリッピウスが証言している通りである。のちにユスティニアヌスの甥ユスティヌス二世は、即位にあたってその返済に配慮しなければならなかった。

いくつかの改革——この時期に、新たな司法・行政職が創出された。というよりむしろ、古くなった諸官職が改変された。軍団付き判事は、犯罪容疑者に対する捜査権、逮捕権、裁判権を拡大させた。書記（レフェレンダリウス）は、すでに五三五年にその数を減らされていたが、五四一年、ついで五四四年ないし五四五年に法が発布され、彼らの濫用が告発されて力を削がれた。これとは逆に、皇帝の私的書記官の権限は強化された。それは、ノタリウス・ア・セクレティスであり、最終的にはレフェレンダリウスの地位を奪うこととなる。ノタリウスの筆頭官職は、すでに五世紀以来存在していて、爵位と行政官職、軍事官職の一覧に責任を負い、貴顕な特権を数多く有していた。このノタリウス筆頭官職は、当時、四つあった中枢機関の長であり、ユスティニアヌスからとくに重要な施物を賜わっていた。その職務は、たいへん実入りの大きなもので、また実に名誉あるものだった。もう一つ、飛躍を遂げた官職があった。クーロパラテース職である。これは当初、皇宮の建設および維持を監督するもので、五五二年以前には、クーロパラテースは宮廷護衛隊長（comes scholae palatinae）と同等の地位だった。ところが、少なくともこの時期頃からその特権は増大した。皇帝の甥であり、彼の後継ぎになるべきユスティヌスが、この職に就いたのである。彼は、テオドラの孫娘ソフィアと結婚してもおり、それまでこの職がもっていなかった重大な権限をその職に与えた。しかし彼は、ユスティニアヌスから後継者と指名されていたわけではなかった。ユスティニアヌスは、誰が後継者であるかけっして表明しようとはしなかったのである。そして、もうひとりのユスティヌス、偉大な将軍ゲルマヌスの息子のユスティヌスが、帝国機構上、彼と同じ爵位を次々と帯びていた。しかし、宮廷を離れることを許さないこのクーロパラテースという職にあることによって、皇帝の甥のユスティヌスは、権力の座に首尾よく達する準備ができたのである。ユスティニアヌスは、その治世最後の一〇年間、政治的なことに関心を失ったように思われる。そのため、ユスティヌスの権力把握はなおいっそう容易になった。「年老いた者はもはや何事にもまったく気をかけない。その精神はすでに天空にあった」（コリッピウス）のである。ユスティニアヌスが発布した新法の最後のものは、おおむね教会問題に関するものである。たとえば、主教や聖職者の運用や諸義務についての規定である（『新法』第一三七）。

ユスティニアヌス治世の後半にも職権濫用は残り、あるいは再発した。これは、ある意味では、道管区長官カッパドキアのヨハネスが行なった行政改革による種々の廃止措置がもたらした結果だった。この改革は、他の事項と並んで、行政官吏の権限強化を目指していた。ヨハネスは、その改善のためにしばしば新たな措置を講ずる必要があった。小アジアでは、属州の特定の官吏たちの手に民政と軍政の諸権限が統合されていたが、道管区長官テオドテトスの時期以降、廃止された。その結果、軍事権をもたない官吏たちが強盗団と戦うことができなくなり、強奪が増加した。皇帝は、いくつかの属州（ピシディア、リカオニア、リディア、フリギア）を、秩序の回復を職務とするドゥークス（ビオコリュテス：biocolytes）の権威下に回復する必要があった。しかし、ドゥークス麾下の軍団は、行き過ぎを犯したため、皇帝はその行動範囲を制限しなければならなかった。ポントス管区の代官（ヴィカリウス）が再び設置され、以前よりもその職権領域が拡大された。オリエンス道管区では、コメス（comes Orientis）がヴィカリウスの諸権限を取り戻した。エジプトでは、五三九年時点の状態が保持されたが、エジプト貴族層は支配権を回復し、精力的な統括長官（praefectus augustalis）だったリベリウスのようなよそ者を追い出すことに成功した。リベリウスは五四二年に召還された。エジプトでは大きな反乱が何度も起こった。それは、ユスティニアヌスの宗教政策、あるいはまた五四五年にヘファイストスによって導入された小麦独占のような経済政策によって引き起こされたものだった。これに不作が続き、あるいはまた、アレクサンドリアでのパンの無料配給が取りやめられ、それが大反乱の原因となった（パンの配給撤廃は、おそらく一時的な措置だったが）。カッパドキアのヨハネスが闘っていた封建関係が、このエジプトの地で再び展開するのが見られたのである。これと同様に、五五四年、ユスティニアヌスは、再びローマ帝国領となったイタリアで法を制定した際に、行政官吏がこの地の司教および各地方の有力者層によって選任されるよう命じた。それは、これら行政官吏の権限と独立性を確保するためになされたのではない。彼らの職務モラルへの心配がなおあったのである。『新法』第一六一では、以下のように定められている。つまり、官吏の職を辞したときは、司法の管轄下に五〇年間留まらねばならない、と。これは、その者に起こりうる告発に対処するための措置だった。

反乱——大災害、繰り返される職権濫用、さらに皇帝の保守化という状況のもとで、とくにコンスタンティノープル中心に数多く起こった騒動が、民衆の不満を示していたことは驚くにあたらない。諸党派は再び争い始めた。たとえば、五四七年五月、五四八年七月（このとき、諸党派は大火災を引き起こした）、五四九年四月、五六一年十一月、五六二年二月、三月、五月（バルシュメスの館はこのとき焼かれ、反乱は七〇日間続き、キジコスにまで拡大した）である。ヨハネス・マララスの記述を信用するならば、五五三年、貧民層は小額貨幣重量の切り下げに抗議した（この騒動によって同政策は撤廃された）。五五六年、パンの欠乏が続いたのち、皇帝は、コンスタンティノープルの開都祭での馬車競技の際、ペルシアからの使者の面前で民衆から嘲罵された。さらには、五六三年四月、五六五年春に、緑組の反乱が起こった。

これらの民衆運動に加えて、宮廷や軍隊の主要人物によって企てられた陰謀がいくつか起こる。諸史料が揃って第一の事件として示すものは、実をいえばまったくその名に値しない。それは、五四二〜五四三年の冬に起こった。それは、ペストがコンスタンティノープルで猛威をふるい、皇帝自身も冒されたときだった。このとき、当時ペルシア戦線で戦っていたベリサリオスとブーゼオスが、ユスティニアヌスの後継者を受け入れないと宣言したのである。というのも、彼らは、首都で相対することになるその後継者が、テオドラではないかと心配したからだった。これによって彼らは召還され、一時期失寵をかうことになったという顛末である。もう一つの陰謀は、五四九年、テオドラの死後まもなくのときに起こった。それは三名の宮廷アルメニア人によって煽動されたものだった。策謀者のなかには首都軍団司令長官であるアルタバヌスも含まれていた。共謀者たちは、ユスティニアヌスにかえて彼の従弟ゲルマヌスを皇帝にしたいと考えていた。しかし、ゲルマヌスは警戒して皇帝に通報させたため、事態は実現することはなかった。さらにもう一つ、より深刻であったのは、五六二年十一月の陰謀であった。二人の共謀者が、皇帝を殺害すべく麾下の軍隊を伴って宮廷に侵入しようとしたが、逮捕された。一人は自殺し、もう一人は拷問を受け、ベリサリオスの配下三名のことを密告した。そして密告された者たちが、将軍ベリサリオスを告発したのである。これは、おそらく偽りの告発だったが、これによりベリサリオスは、五六三年七月まで一時的に失寵をかうこととなった。

これらの諸事件にもかかわらず、政府の安定性が深刻に脅かされることはなかった。最後の事件から二年と少し経ったのち、ユスティニアヌスは八十三歳で亡くなった（五六五年十一月十四日〜十五日未明のことだった）。このとき、クーロパラテースであった甥のユスティヌスは、深刻な問題に当面することもなく、元老院によって権力を与えられたのだった。

第四章　再征服戦争

ユスティニアヌスの情熱が向かった先は、何よりも彼自身がその歴史をよく知るローマだった。彼は、みずからの遠征事業が、ローマ帝国をかつてのその輝かしい状態のうちに再興するものと考えた。すなわちそれは、蛮族たちが前世紀に奪っていた諸属州を取り戻すことである、と。もっとも、当初からこのような計画を明確に持っていたとはあまり考えられないのであるが。派兵は、むしろ第二の動機に基づいていたと言えるかもしれない。つまり、これらの属州は、「身体と精神の敵」(『ユスティニアヌス法典』第一巻第二七法)である蛮族どもの手にあり、他方、キリスト教の帝国は、唯一の信仰、正しい信仰、つまりオルトドクスを信奉しなければならない、ということである。この動機は、ユスティニアヌスが企図することになるであろうすべての再征服戦争に見られる。もっとも、いずれの戦争にあっても、もっと古典的な動機づけがなされていたから、この動機はもっぱら第二義的なものとしてしか現われなかったのではあるが。

I　ヴァンダル戦争

1　北アフリカのヴァンダル王国

この王国はすでに一世紀近くにわたり存在していた。ヴァンダル族は、およそ四〇〇年頃、フン族の圧力に押されて故郷（おそらくパンノニア）を離れて、西進を開始した。当初、アラン人とスウェヴィ人が彼らとともに西進していた。四〇六年十二月三十一日、彼らヴァンダル族は、マインツとウォルムスのあいだの地点でライン河国境を突破してローマ領内に入った。その後三年間にわたりガリア地方を横断、略奪したのち、四〇九年秋にはスペインにまで進んでいた。四二九年五月、ヴァンダル族は、その王ガイセリックの指導のもと、タンジェを上陸地点として北アフリカに上陸し、略奪をしながら東進する。彼らは、数々の城塞都市（ヒッポーネを含む）を占領することに成功したものの、カルタゴの手前でつまずいた。四三五年に帝国側と折衝が行なわれ、彼らは連盟者としてヌミディアに落ち着くこととなった。もっとも、四三九年に彼らはカルタゴを占領し、四四二年、ヴァレンティニアヌス帝も、プロコンスル領、ビザケニア州、トリポリタニア州、またヌミディア州の一部にヴァンダル族の宗主権を認めざるをえなくなった。ついで（四五八年までに）彼らは、その他のアフリカ諸属州のいくつかを支配するにいたる。バレアレス諸島、コルシカ島、サルディニア島、シチリア島の一部を得たのだった。その他の蛮族王国とは異なり、ヴァンダル王国は、総じてローマから独立していた。そして、実に頻繁に、ローマ帝国に対して敵対行為を仕掛けた。その艦船は、西地中海全域において人びとを不安にさせ続けたことが知られる。たとえば、四五五年、ヴァンダル艦隊はガイセリック麾下の軍団をローマに送り込む。この軍団は、一四日間にわたってこの町を占領し略奪したのだった。また、四六八年には、ビザンツ側の重要な再征服遠征が行なわれたが、ヴァンダル族はビザンツ艦隊の大部分にあたる一一〇〇隻の軍船に火をかけ、この遠征は無惨にも失敗に終わったのだった。さらに四七〇年、エジプトを発したヴァンダル陸軍は、トリポリタニアの地中海沿岸諸都市を首尾よく奪い返していた。しかし、それらはその後まもなくゼノン帝〔在位四七四〜四九一年〕によって取り戻された。

ユスティニアヌスの時代、ヴァンダル王の座にあったのは、五二三年以来ヒルデリクスだった。彼は、先王たちとはちがい、親ローマ的政策を推進した。彼は、ヴァレンティニアヌス三世〔在位四二五〜四五五年〕の娘エウドキアの息子だった。エウドキアは、ガイセリックによって連れて帰られ、その息子フニリクスと結婚させられていたのである。ヒルデリクスは、東ゴート王国との同盟関係を転換し、ユスティニアヌスと親密な関係を維持していた。ユスティニアヌスは、このヒルデリクスとの関係があったために、アフリカを再びローマの懐《ふところ》に収めることができるだろうと期待していた。先王たちとはちがって、ヒルデリクスは、カトリック教徒に寛容だった。これらの理由のために、そしてまた、モール人の侵入を押し返すことができなかったがために（モール人はアンタラスの指揮のもと、彼の軍団に手ひどい敗北を与えていた）、ヒルデリクスは、五三〇年六月にクーデタが起こって廃位させられた。投獄され、従弟ゲリメルに取って代わられた。ユスティニアヌスは、ゲリメルに脅威を感じ、抗議をしたが、ゲリメルが取り合うことはなかった。

2 征服(五三三年)

皇帝は、このことを理由として、正当な王を廃位した簒奪者に対して懲罰遠征を行なうことを決めた。ペルシア遠征を終えて将軍たちは、疲労しきっており、またヴァンダル族の艦隊を恐れていたが、ユスティニアヌスは、将軍たちの意向に反してこの遠征を断行した。また、唯一この計画に公然と反対した道管区長官カッパドキアのヨハネスの異議をも無視して遠征を行なった。皇帝の決定は、自分たちの財産を奪われ、首都に亡命していたアフリカの聖職者や土地所有者に支持された。ユスティニアヌスは、アリウス派のヴァンダル族の支配からアフリカのカトリック教徒を救出するのだ、と宣言した。しかし、ゲリメルは、彼らカトリック教徒に対する迫害をすることはなかった。プロコピオスによれば、東方のある主教が皇帝に成功を約束する夢の話しを伝えたという。別の史料によると、皇帝自身が、アフリカで殉教者が発生したことを利用したのだという。皇帝は、計画を立ちあげるのに、この殉教者を使ったのである。

遠征隊は、五三三年六月なかばにコンスタンティノープルにおいてベリサリオスの指揮のもとに乗船した。彼は、いまだオリエンス管区軍司令官の称号を帯びていた。妻アントニーナも夫に同行していた。彼の参謀は、軍司令官ドロテアス(しかし彼は、まもなく亡くなることになる)、宦官ソロモン、歴史家プロコピオスであった。軍団は、一万八〇〇〇人の兵士を数えた。そのうち一万人は歩兵であり、五〇〇〇人は騎兵だった。彼らは五〇〇隻の軍船で輸送され、九二隻のドロモン船〔ビザンツ海軍が用いた櫂つきの帆船〕がそれを護衛していた。これらドロモン船には、三万人の乗組員と二〇〇〇人の漕ぎ手がいた。この軍団は、ベリサリオスの指揮下にある通常軍とブケラリオス軍（一五〇〇〜二〇〇〇人）、また、ときにあやしい信頼関係にあった蛮族——ヘルリ族、ブルガール族、マサゲット族——の同盟軍とから成っていた。

八月、艦隊はシチリア島に接近した。シチリアは当時東ゴート王国の一部であった。女王アマラソンタと交渉し、軍団は寄港が許可され、糧食と軍馬を手に入れた。ベリサリオスは、この寄港中に、ゲリメルがビザンツ艦隊の到着を予想もしておらず、トリポリタニアのモール人と交戦中であることを知った。これは、プロコピオスが友人だったある商人と偶然出会ったことによる伝聞であった。他方、ゲリメルは、大変怖れられていた彼の艦隊から一二〇隻の艦船を、弟ツァツォンと麾下の軍団に与えて、サルディニアに派遣していた。それは、彼に反乱を起こしていたサルディニアの統治者ゴダスを屈服させるためのものだった。ビザンツの遠征隊は、まもなくアフリカに派兵され、五三三年八月の初頭にはヴァダ岬（ラース・カブーディア）に到着し、カルタゴの南方まで五日かけて進軍した。軍団は、カルタゴの町に陸路で向かうよう決められていたのである。というのも、艦隊が海岸線に沿って進むあいだに偶発的な海戦が起こるのではないかと、兵士たちがむやみに怖れていたからだった。軍団の上陸を察知したゲリメルは、遠くからそれを追跡することにした。彼は、弟アマタスと攻撃計画について合意をしたら

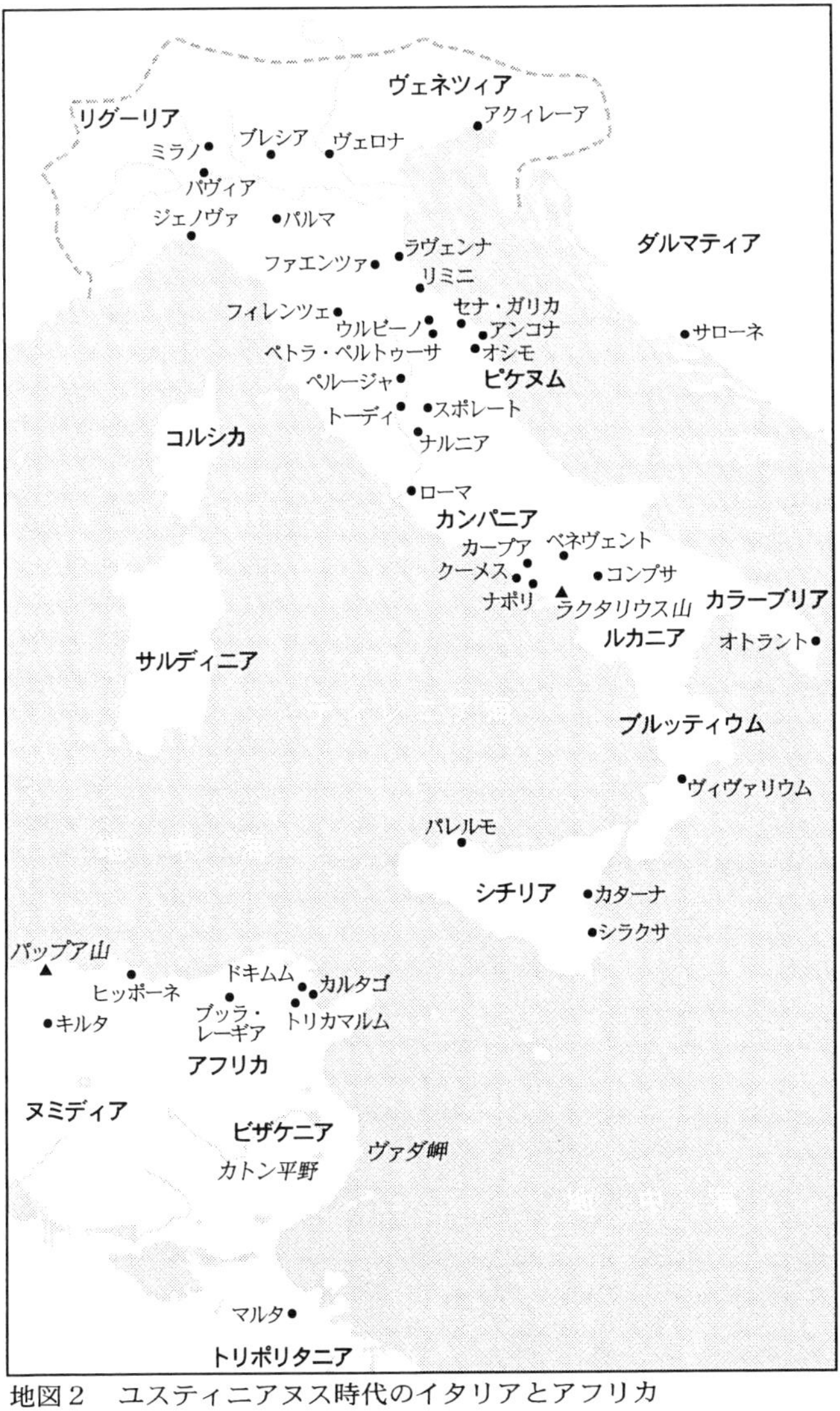

地図２　ユスティニアヌス時代のイタリアとアフリカ

えで、軍団をカルタゴに送った。そこで彼は、監獄につながれたヒルデリクスとその側近たちを死にいたらしめることとなる。

九月十三日、カルタゴの西方約一五キロメートルの地デキムムで、最初の戦闘が行なわれた。ビザンツ軍は三方向から攻撃されたようだ。つまり、カルタゴからやってきた王弟アマタスが正面を攻め、王の甥ギバモンドス率いる二〇〇〇人の兵士からなる一団が右側面を、背後はゲリメルが攻めた。しかし、ヴァンダル側の計画は、不運と不幸が相次ぎ、挫折した。すなわち、アマタスはビザンツ軍に近づきすぎて戦死してしまった。六〇〇のブルガール騎兵の働きで、ギバモンドスの兵士もゲリメルの軍団も壊走させられることとなった。ゲリメルは、当初ベリサリオスの軍団にパニックを起こさせていたが、この驚くべき成果を利用することはなかった。弟アマタスの死を嘆き、立ち止まってしまったのである。ヴァンダル軍は崩れ、ヌミディア方面に向かって敗走した。九月十五日、ベリサリオスはカルタゴに入り、この町の諸権限を譲渡されるとともに、ゲリメルの玉座に座った。ベリサリオスは民衆から歓迎された。というのも彼は、上陸以来、麾下の軍団に対し略奪を禁じていたからである。聖キプリアヌスの聖堂は、アフリカの地におけるキリスト教の聖地であったが、カトリック教徒に返還された。彼らはそこで、暦のうえで一日遅れるだけで、この聖人の祝祭を執り行なうことができたのである。その後数日経って、モール人の小国家の王たちが、恭順の意を示すためにやってきた。ベリサリオスは、ヴァンダル族が保守もせずに放っておいた町の城壁をその後まもなく修復した。

しかしながら、ゲリメルは西方に四日ほどかけて行ったところにあるブッラ・レギナに逃れ、軍団を立て直そうと努力していた。サルディニアから戻った五〇〇〇人のヴァンダル族兵士がこれに参加した。ゲリメルは農村住民を動員し、彼らが持参する敵の兵士の首の数に応じて給与を与えていた。ビザンツ軍にいるアリウス派の蛮族たちには、そこから抜け出るよう働きかけた。しかし、五三三年十二月中旬、ベリサリオスは新たな戦闘を仕掛けてきた。それは、カルタゴの南西三〇キロメートルの距離にあるトリカマルムで戦われ、雌雄を決する決定的な戦いとなった。八〇〇人のヴァンダル族が殺害され、ベリサリオスの兵士五〇人を倒したツァツォンもそれには含まれていた。城塞化されていなかったヴァンダル側の陣営には、兵士の家族や財産があったが、占領され、略奪された。数日後、ベリサリオスはヒッポーネに入った。そこで、王の財宝、またヴァンダル族の貴族たちの宝を奪った。ゲリメルは、パップア山上のモール人のもとに逃れたが、冬の三か月間にわたって攻囲された末に、五三四年三月、降伏した。

六月にかけて、ベリサリオスはコンスタンティノープルに帰還した。彼には、勝利者としての数々の栄誉が与えられた（アウグストゥスの時代以来、特定の個人にこのような権利はなかった）。戦利品のなかで人びとの目を惹いたのは、七つに枝分かれした燭台や、ソロモン神殿の壺だった。後者は、紀元七〇年頃ティトゥスによってエルサレムからローマに持ってこられていたものだが、四五五年にガイセリックによってローマから持ち出されていた。それらはエルサレムに送り返された。降伏したゲリメルは、ガラティアに所領を得て、捕虜となった二〇〇〇人の兵士は、ユスティニアヌスの軍団に組み入れられ、ペルシア戦線に送られた。

3　アフリカの組織化と平和化（五三四年～五四三年）

五三四年四月以来、二つの体制が行政、軍事の枠組みを再編した（『ユスティニアヌス法典』第一巻第二七法）。アフリカ道管区長官職が再び設置され、七名の行政官（プロコンスラリア、ビザケニア、トリポリタニアについては執政官（consul）、ヌミディア、モーリタニア（ここは、シティフィス・モーリタニアとカエサル管轄区のモーリタニアがあった）とサルディニアについては知事（praesides））も設置された。道管区長官を支えるべく三九六名の官吏が置かれ、彼らには、合計で金一〇〇リトゥラの俸給が用意された。防衛面については、カルタゴに本拠を置くアフリカ管区軍司令官、および五人のドゥークスが創設された（トリポリタニア、ビザケニア、ヌミディア、カエサル管轄区のモーリタニア、サルディニア）。五三五年一月以来、道管区長官と軍司令官の職務を担ったのは、ソロモンだった。ヴァンダルに占められていた土地が皇帝のもとに接収された（それらは、五年にわたって所有者の手に委ねられ、彼らはそれを略取して反旗を翻すことになる）。カトリック教会の所領は復帰し、異教およびあらゆる異端の祭儀が禁じられた（最初は、ユスティニアヌスがアリウス派の聖職者をカトリックの聖職者団に平和的に統合しようと望んだようだが、主教らから拒否されたようである）。ユダヤ人はシナゴーグを奪われ、それらは教会に造りかえられた。

他方、ユスティニアヌスは、再征服活動を完遂することを決めていた。実際には、トラサムンドゥス王（在位四九六～五二三年）の時期以来、モール人の多数の小王国が、かつてのローマ領アフリカの西方および南方地域で多少とも独立した侯領をかたちづくっていた。また、他のモール人たちが、ベリサリオスが遠征を開始したとき以来、ビザケニア、ヌミディアに略奪をしにやってきていた。かくしてソロモンは、ローマ帝国のかつての国境線内に含まれる失われた領土の回復と、再征服した領土の保全、国境警備兵から成る軍隊の設置に専心した。ヴァンダル支配下のアフリカにおける多くの地域、およびコルシカ、サルディニア、バレアレスの諸島は、次第にビザンツ軍の手に戻されていった。しかし、モール人は、カイサリアとセプテミアという城塞都市を除いてモーリタニアの大部分を彼らの支配下にとどめた。五三五年の春、ソロモンはビザケニアで勝利を収め、この勝利は一時期この地域に平和をもたらした（これによって捕らえられ、奴隷身分に貶められた捕虜の数は多く、この奴隷一人の値段が羊一頭にも及ばないほどであった）。しかし、アウレスの南にあった王ヨーダスは、ヌミディア地方にとっての脅威であり続け、ソロモンは多くの城塞都市を造って防衛に努めることとなる。

五三六年の春、ソロモンは自軍の一部の反乱に直面しなければならなかった。この反乱は、経済面、宗教面で彼がとった政策への反発であった。ヴァンダル支配下での課税強制よりも重いビザンツの課税強制が再導入され、一部の民衆が怒りを募らせたのである。そして、兵士への給与の支払いがおおいに遅れていた。他方、土地の収用・接収は、ヴァンダル族の女性と結婚していた兵士の権利を損ねていた。さらに、五三五年八月一日に、ユスティニアヌスが、宗教上のあらゆる異端分派の儀礼をさらに厳格に禁じたことが、同盟軍に多数存在したアリウス派兵士たちを刺激していたのである。

反乱は、復活祭の日の儀礼がすんだあとで始まった。共謀者たちは、ソロモンを教会で殺害しようともくろんだ。しかしこの計画は失敗し、彼らはカルタゴに逃れる。その後数日経って、カルタゴの西方約百キロメートル離れたブッラ・レギア平原に、彼らの軍団が結集した。ヴァンダル族の部隊もそこには合流していた。この軍団は、かつてブケラリオス軍に在籍していたストッツァスを長に選んでいた。ソロモンは、反乱が起こった当初にカルタゴを発ち、シチリアのベリサリオスのもとに戻った。ベリサリオスは、すぐさま一〇〇名のブケラリオス兵士とともに戻り、カルタゴ守備隊の兵士二〇〇〇名を率いて、ヌミディアへの街道筋にあるメンブラーサで反乱者たちを敗北させた。しかし彼は、ただちにシチリアに戻らねばならなかった。ベリサリオスは、そこで自分にも反乱が起こることを恐れていたからである。反乱者らはヌミディアで再編成される可能性があり、八〇〇〇人以上の軍団になる恐れがあったのである。

ユスティニアヌスは、事態を変えるために、秋口に自身の従弟ゲルマヌスをアフリカに派遣した。ゲルマヌスは、カルタゴに到着すると、忠誠を誓う兵士が三分の一ほどしか残っていないことを知った。彼は、多くの反乱者を約束や金品を手渡すことで買収した。このために、ストッツァスがゲルマヌスを攻撃することになる。というのも、ストッツァスは、ゲルマヌスの兵士となった者たちが、かつての同僚と戦うのを拒否すると期待していたからである。しかし、戦いは起こり、彼の期待は裏切られた。戦闘は、五三七年の春、ケッラス・ヴェテレスにおいて行なわれ、ストッツァスの軍は敗北した。現場にいるモール人たちが、敗者を攻撃するため戦闘の開始を見届けようとしていた。ストゥツァス自身、モーリタニアに逃れた。また、まもなくして、マクシミノスなる者が指揮する、数名の将校たちによってカルタゴで組織されていた陰謀組織も消された。

ゲルマヌスがコンスタンティノープルに呼び戻されると、ソロモンは五三九年に軍司令官の長としてアフリカに戻り、平定をなし終えた。メミディアでヨーダスのモール軍団を打倒し（その財宝は接収した）、シティフィス・モーリタニアの支配権を得た。そしてまた、再征服した土地の防衛のために数多くの城塞を一斉に建設させた。平和は五四三年まで続くことになる。

4 五四三年から五六五年にかけてのビザンツ領アフリカ

この時期、ビザンツ領アフリカの再編は進んだが、さまざまな反乱によって中断もした。五四三年末、トリポリタニアのレヴァティア人が反乱を起こし、これに、同地方のドゥークスだったセルギオスの帝国への離反が続いたのである。それからまもなくして、ビザケニア地方のベルベル人たちが、それまで帝国と同盟していたアンタラスの指揮のもと反乱を起こした。これには、ソロモンが彼らに対抗すべく進軍し、一度勝利を収めた。しかし、五四四年初頭に、キッリウムの戦いでソロモン自身が殺害されてしまった。セルギオスがソロモンのあとを継いで軍司令官となったが、これは事態を深刻化させただけだった。というのも、テオドラのお気に入りだったこのセルギオスは、虚栄心が強く卑怯な男だったからである。アフリカにいた将軍の大半が、彼とともに勤務することを拒否した。そこには、シシニオロスの息子ヨハネスも含まれていた。五四五年の春、事態の悪化にともない、ユスティニアヌスはもう一人別の将軍をアフリカに派遣する。それは、皇帝の姪ペレイェクタの夫であり、元老院身分のアレオビンドスであった。アレオビンドスは、セルギオスと軍務を共同で遂行しなければならなかった。ところが、セルギオスが離脱し、このことが帝国側にヌミディアでの甚大な敗北を引き起こしてしまう。このとき、ヨハネスが殺害され、同時にその最大の好敵手ストッツァスも亡くなった。五四五年秋、セルギオスはついに召還される。アレオビンドスは、アンタラス、ヨーダス、クチーナ麾下のモール人、またストッツァス麾下の兵士を糾合した軍団と対峙する準備をとっていた。しかし彼は、アフリカの王になろうともくろんでいたヌミディアのドゥークス、グンタリトゥスの裏切りによって殺害されてしまう。グンタリトゥスもまた、まもなくユスティニアヌスによって軍司令官に任命されたアルメニア人アルタバネスによって殺害される。このアルタバネスは、コンスタンティノープルへの召還を働きかけ続けた。彼は、アレオビンドスの寡婦ペレイエクタとの結婚を望んでいたのだった。ところが、いざ戻ってみると、アルメニア人の妻が首都にやってきてその存在を思い出させたものだから、ペレイエクタへの想いを、彼は断ち切らざるをえなかった。

五四六年秋以来、ヨハネス・トログリタがアルタバネスのあとを継いでいた。クチーナは彼のもとに再び戻り、冬のあいだアンタラス、ヨーダス、そして彼らの麾下軍団と戦った。しかし、もう一つ別の反乱が発生した。それは、トリポリタニアにおけるモール人の首長であったカルカサンに率いられ、五四七年のなかば頃に起こった。トログリタはマルタで敗北し、ビザケニア、プロコンスラリアの地は、カルカサンとアンタラスによって略奪された。ヨハネス・トログリタは、五四八年春になって事態を復旧した。彼は、モール人同盟軍とともに、反乱軍をカトン平野に破ったのである。モール人同盟軍には、この地の守護を担っていたヨーダスも含まれていた。この戦いの後は、一四年にわたって平和が続いた。再び戦闘が生じたのは、五六三年になって、クチーナの暗殺に端を発する新たな反乱が起こったときだった。しかしそれはまもなく鎮圧された。これらの反乱のすべてと、それらが引き起こした不安定な状態は、とりわけ農村部分において、地域に甚大な影響を与えたことは間違いない。これについては、プロコピオスによる誇張がないとはいえないが、こう述べている。同地方は「いたるところで住民が居なくなっていたので」と。もっとも、アフリカはまもなく再び豊かになり、六世紀末までその豊かさは変わらなかったようである。

Ⅱ　イタリア──ゴート戦争

1　東ゴート王国

再征服以前におけるイタリアの政治状況は、アフリカの場合とはかなり異なっていた。四七六年にドナウ川下流地域（メシア第二属州）に帝国の同盟者として本拠を構えた東ゴートの王テオドリクスは、四八四年にはコンスル、ついで首都軍団司令長官にして爵位パトリキオスを帯びた。彼は、ゲルマン人の習慣に従って皇帝の養子となった。ところが、テオドリクスは四八六年にバルカン半島に対し再び略奪を行ない始める。この事態に、ゼノン帝はテオドリクスに、イタリアに赴き、オドアケルを打倒するよう提案をした。オドアケルは、四七六年にロムルス・アウグストゥールスを廃位し、イタリア王を名乗っていた。四八八年秋、テオドリクスは、イタリアに一〇万の民（うち二万は兵士）とともに入った。そして、オドアケルの軍団を数回にわたって打ち負かしたのである。四九二年、彼は、ラヴェンナを奪取したのち、麾下の軍隊にみずからをゴート人の王と呼ばさせた。皇帝アタナシウスは、四九七年、「栄光このうえない王」(rex gloriosissimus)として、テオドリクスをイタリア(これにダルマティア、パンノニアの一部、ノリクム、レティアを加えなければならない)における帝国の代理人、また西方の帝国軍団長であると認証した。彼には、紫衣と冠の髪飾りを身に帯びる権利も与えられた。テオドリクスは、軍司令官の地位に留まった。つまり、一定程度でローマの官職者であり続けたのである。もっとも、この称号をもはや彼は用いなかったが。彼は、ローマ市民権を付与する権限も、実効的な立法を行なうこともできなかった(もちろん、現行法を改変することもできなかった)。しかし、ローマの高位官職者ができたように、この権利の枠組み内で布告を発することはできた。貨幣にその肖像を刻むことはできなかったが、モノグラムだけは裏面にのせることができた(貨幣の表面には皇帝の肖像が刻まれた)。実際のところ、テオドリクスはイタリアを単独の絶対者として支配していた。しかし、帝国との関係という擬制は維持された。この擬制は、イタリアにおけるローマ臣民を支配するのに有益だった。その数はゴート人よりも多かったのである。ローマ人たちはローマの法のもとで暮らし続けていたが、軍役からは免れていた。これはゴート人が確保していた。しかしこれとは反対に、ローマ人たちは統治権を保持しており、元老院にも一定の役割が留保されていた。貴族たちは、自身の職務について父祖伝来の権利を持つと考えていた。テオドリクスは、そのような彼らに種々の責務を依託した。つまり、ゴート王国には、王が指名する官房長官と、道管区長官がいたのである。王はまた、コンスタンティノープルの皇帝の同意のもとに西方の諸コンスルをも任命した。西方における最後の皇帝たち同様、ゴート人の王もまた、ローマではなくラヴェンナに首都を構えた。

テオドリクスは、その統治の最初の三〇年間、理論的には帝国に従属しながら実際は独立しているというこの状況をうまく利用した。すなわち、彼は、帝国から離れて展開した王国の地政と調停を駆使して、ローマ人たちから忠誠を得ようとしたのである。彼は、ヴァンダル族とちがい、カトリック教徒に寛容で、ローマ教会に敬意を払った。ローマ司教の選出をはじめ、とくに要請がない限りその内部事項には干渉しなかった。教会との関係のなかで、ヘノティコン（ゼノン帝により四八四年に発布）によって引き起こされていたローマと東方総主教たちとの分裂は、ゴート王国がビザンツとの関係において持ち合わせるこのうえない切り札の一つだった。それは、イタリア人の忠誠を保証していたからである。つまり、ローマ司教は、教会に介入しようとする皇帝の保護のもとにあるよりも、異端ではあるが不干渉でそっとしておいてくれる王の庇護下にあることを望んでいたからである。

2　ユスティヌス、ユスティニアヌス治世下、五三五年以前のビザンツとの関係

イタリアを取り戻すためには、国制状況を利用するのが、為しうる最良の方法である、とユスティニアヌスは考えたかもしれない。なぜなら、テオドリクスには男子の後継者がおらず、彼はビザンツに頼ってその継承の保証を得ようとしていたからである。五一五年、テオドリクスは、娘アマラソンタをゴート人貴族エウタリクスと結婚させていた。彼は、アナスタシウス帝がこのエウタリクスに、自分の後継

者としての権利を認めてくれることを願っていた。しかしそうはならず、むしろユスティヌスが五一八年にこれを許諾している。ユスティヌスは、テオドリクスのもとに一人のローマ貴族を得た。すなわち、ボエティウス[1]が、五二二年に官房長官職を得たのである。これによって王は、ローマ人と東ゴート人とのあいだで望んでいた和解を実現し、また、ゴート人の権力を維持したと思ったかもしれない。しかし、状況はまもなく変化した。すなわち、ユスティヌス治世初期に実現したローマ＝ビザンツ間での再度の宗教的一致が、イタリアの住民を、彼らの支配者が奉ずるアリウス主義にたいへん敏感にしてしまった。そして、いくつかの事件が緊張を高めた。すなわち、テオドリクスは、ラヴェンナのカトリック教徒たちに、彼らが破壊した集会所の再建を命じた。ラヴェンナでは、ある教会堂を破壊させもした。さらに、彼の婿であるエウタリクスが、五二二年に六歳の一人息子アタナリクスを残して亡くなった。このときテオドリクスは、ユスティニアヌスの意図に疑念を抱き始めた（それはおそらく妥当なことだった）。テオドリクスは、ユスティニアヌスがアフリカのヒルデリクス〔親ローマ政策を志向〕の同盟を求めていると見ていた。また、教皇ヨハネス一世（テオドリクスに忠実だったホルミスダスの後継者）が、ローマの貴族層と手を結んでいると思っていた。テオドリクスは、ローマ貴族層が反ゴートの陰謀を企んでいると疑っていたのである。この文脈のなかで、ボエティウスの裁判と処刑が行なわれた。コンスタンティノープルのアリウス派に対して数度にわたって行なわれた処刑が、ゴート人の王を激怒させることにもなっていたのだった。テオドリクスは、ヨハネス一世に使節を送り、コンスタンティノープルでの処刑の中止を求めた。しかし、ヨハネス一世はコンスタンティノープルで歓待を受ける。そして、このことが、ローマに親ビザンツ的風潮をもたらし、ゴート人王に対する疑念を生むこととなった。さらに、テオドリクスは、ヨハネス一世がイタリアに帰ってきたとき、教皇をラヴェンナに留置する。ヨハネスは捕らえたまま亡くなってしまい、このとき、テオドリクスは独断で新教皇フェーリクス四世を選出させたのである。

（1）ボエティウス（Anicius Manlius Torquantus Severinus Boetius）：四八〇年頃生〜五二四年頃没。古代ローマ末期の哲学者、政治家。ギリシア古典、とくにアリストテレスの論理学を翻訳、紹介した。東ゴート王国のテオドリクス王に仕え、五一〇年にはコンスル、五二二〜五二三年には官房長官を務めた。著作『哲学の慰め』は、全五巻からなる対話式の詩篇集で、人間の魂はいかにして神のヴィジョンを得うるかについて論じた新プラトン主義の古典とされる〔訳註〕。

ゴート王が五二六年に亡くなり、テオドリクスの娘アマラソンタが摂政となったときに、すべてが変わったと考えることができるかもしれない。このアマラソンタは協調政治を行なったからである。しかし、まもなく彼女とゴート民族主義者とのあいだで衝突が発生する。五三四年にフランク人がブルグント地方を奪う。すると、その勢力伸張に脅威を抱いた彼女は、ユスティニアヌスのもとに保護を求めた。アマラソンタは、ユスティニアヌスに、必要とあればそのもとに逃亡したいと自身の計画を告げていた。しかし、ゴート人貴族らの陰謀を挫くことに成功すると、彼女はそのままラヴェンナに留まり、さらに親ビザンツ的な政策をとることとなる（カッシオドールスが、彼女のもとで道管区長官になったのもこのときである）。ヴァンダル戦争の際に彼女が示した好意的中立の態度は、しかし新たな反発を引き起こした。このとき、五三四年十月に息子アタナリクスが亡くなると、彼女は、いとこのテオダトゥスと結婚することで、ゴート民族主義者の反発をかわせると考えたようだ。彼女は、王妃の称号をとりながら、テオダトゥスを王と宣言したのである。彼女が実質的な全権を掌握していることは了解されていた。しかし、テオダトゥスは――ぱっとしない人物で、プラトン主義哲学を信奉し、周囲の者たちの言いなりになっていた――、彼女を廃位し、投獄してしまった。そしてまもなく彼女を暗殺してしまったのである（五三五年四月）。ユスティニアヌスは、これを戦争の口実（casus belli）にした。しかし、われわれは次のように問うことはできよう。つまり、ユスティニアヌスが口実を得るために、この暗殺を行なわれるがままにしたということはなかったか、と。というのも、この件に対してユスティニアヌスとテオドラがとった態度について、プロコピオスが相矛盾する記述を伝えているからである。いずれにせよ、ユスティニアヌスは、ただちにイリュリクム管区軍司令官ムンドゥスに命じ、ダルマティア地方に軍を進出させ、またベリサリオスにはシチリアに進軍させたのだった。

当初からユスティニアヌスの目的は明瞭だった。つまり、イタリアをゴート族から解放することだった。ユスティニアヌスのなかでは、バルカン生まれの民族だったゴート人は、文明化されローマ化されていたとはいえ、定期的に帝国を略奪しその領土の一部を不法に奪っている蛮族だったのである。他方、ヴァンダル族同様、この蛮族はアリウス派だった。つまり異端の民であった。これもまた、彼らを打倒するのに重要な理由だったのである。

3　テオダトゥス没時（五三五〜五三六年）までのイタリア征服

五三五年六月、ムンドゥスはサローネを獲得した。他方、ベリサリオスはといえば、このとき一万人の兵士（七〇〇〇人の正規兵、ブケラリオス隊、五〇〇人の蛮族兵）とともにカターナに上陸した。そして、この年の終わりまでにはシチリアを支配下に置いた。この地では、パレルモの守備隊から抵抗があっただけだった。

当初段階におけるこの一連の成功は、テオダトゥスを恐れさせた。彼は、まもなく皇帝の厚意を得ようとした（しかし彼は、皇帝から公式に認知されることはなかった）。テオダトゥスは、元老院を動かして皇帝に和平を求める文書を書かせ、ユスティニアヌスに軍事行動の中止を求めるため、ローマ司教アガピトゥスをコンスタンティノープルに赴かせた。五三五年末、テオダトゥスと、ユスティニアヌスの特使であるパトリキオス位のペトロスとのあいだで交渉が持たれた。そこでテオダトゥスは、初めて一連の措置を提案した。それは、シチリアの譲渡と毎年の献納を皇帝に対して行なうほか、さまざまな場面で独占権ないし優先権を与える、というものだった。もしこの提案が受け入れられないなら、年一二〇〇リトゥラの黄金と宮廷での爵位と引き換えに退位する、とテオダトゥスは約束していた。ユスティニアヌスは、当然、第二の提案のみ受け入れた。ところが、五三六年四月、皇帝の同意を携えてペトロスが戻ると、テオダトゥスは考えを変えていた。ムンドゥスは殺されており、サローネはゴート族に再征服されていた。ベリサリオスは、反乱を鎮圧するために再びアフリカに出発しなければならなかった。ゴート王は、特使をかなり粗雑に受け入れ、特使は三年間囚われた。王は、自身の胸元からうえの肖像を貨幣に刻ませ、親ゴート派と見られる人物（シルベレス）をローマ司教に選出させた。フランク族に同盟者を求め、援助の見返りとしてプロヴァンス地方の譲渡を約束してもいた。

ビザンツ側の反応は早かった。ダルマティア地方をただちに再征服し（五三六年六月）、ベリサリオスがアフリカから戻ってイタリア半島南部に上陸した。ベリサリオスは、ナポリにいたるまでまったく抵抗を受けず、この町を二〇日間にわたって攻囲したのちに占領、略奪した。テオダトゥスは、この攻囲について報告を得ていたが、その救済に向かうことはなかった。このテオダトゥスの態度は、ゴート人を憤慨させることとなった。彼は廃位され、おそらくこの年の十二月に殺害される。テオダトゥスの廃位後、ヴィティゲスが後継の王となった。このヴィティゲスは、ローマ司教、また元老院に臣従宣誓をするよう求めた。彼は、ローマに四〇〇〇人の兵士を派遣する。その後ラヴェンナに引きあげるが、それは北部地域にフランク族の脅威を抱えていたからであった。このフランク人の脅威は、ユスティニアヌスが彼らをそそのかして攻撃させようとしたものだった。ヴィティゲスは、危機を緩和しようとして、テオドリクスの孫娘マタソンタと結婚した。彼女はヴィティゲスより三十歳も年下であった。マタソンタは、彼を嫌っていたが、この結婚によって母アマラソンタの遺産を回収した、と考えられた（アマラソンタは加えてテオダトゥスの死によって恨みを晴らしていた）。ヴィティゲスは、フランク族にプロヴァンスを委譲し、金二〇〇〇リトゥラを与え、そのことによって彼らの支援を得た。ところがフランク族は、ユスティニアヌスと取り結んだ同意を損なわないように、支族から集めた部隊を送っただけだった。

4 ヴィティゲス治世下における征服活動の続行（五三六〜五四〇年）

五三六年十二月、ベリサリオスは戦わずしてローマに入城した。これは、ローマ司教シルヴェルスの支援を受けて、元老院およびゴートとの交渉を行なったのちのことであった。四〇〇〇人のゴート人が、フラミニア門からローマを発し、他方、ビザンツ人がアシナリアを経てローマに到達していた。イタリア道管区長官が指名され、二陣営の闘争が準備された。ヴィティゲスは、ダルマティアにおいてビザンツ人を窮地に追い込む。他方ベリサリオスは、ローマに五〇〇〇人を配備していたが、この町を城塞化して、食料の備蓄をさせた。そして、北部地域のいくつかの都市（ナルニ、スポレート、ペルージャ）を占領すべく分遣隊を派遣した。このあいだに、彼の軍団の大半がイタリア南部にあってこの地を占領していた。アプーリア、カラーブリアが戦闘を交えることなく平定された。

ヴィティゲスは、相当大規模な軍団（プロコピオスによれば、多数の騎兵を含む兵士一五万人とあるが、この数字は確実に誇張されている）とともに、ローマの手前でこの町を攻囲した。五三七年二月のことである。この攻囲は、一年と九日にわたって続くことになる。六九回の戦闘が記録されている。その大半は小競り合いだったが、なかには本格的な戦いもあった。三月二十一日に行なわれたゴート人の攻撃は、成果を収めなかったうえに三万人の犠牲を生んだ。飢饉と疫病がローマ人を襲った。彼らの水道が閉ざされたからである。他方、マラリア、飢え、敗戦によって、ゴート人にも大量の犠牲者が出た。ローマ人の不満は増大し、五三七年三月、シルヴェルスの廃位というかたちになった。シルヴェルスは、不実のかどでベリサリオスによって告発されたのだったが、実際のところは、コンスタンティノープルの新主教アンティメスの認証を拒否したことをめぐって罷免されたのだった。十一月、マルティノスおよびヴィタリアノスの甥ヨハネスが指揮する援軍と、兵糧輸送部隊が到着した。これに脅威を感じたゴート人は、三か月の休戦を申し出た。そして、ゴート人特使が、和平締結の申し出を携えてコンスタンティノープルに向けて出発した。休戦はほとんどあいだを置かずに破られるが、その期間中に、ビザンツ人はアンコーナの南にあるピケヌムを劫掠し、ヨハネスはリミニを占領した。また、ヴィティゲスはローマ攻囲を五三八年三月に解いた。

六月、ベリサリオスはローマを発し、ローマ北方に展開するビザンツ側城塞（キウージ、トーディ）をつぎつぎに再征服し始めた。他方、そのあいだに、別の軍団がアンコーナおよびローマ＝アンコーナ間の街道を占領していた。ベリサリオスは、フェルモにおいて、イタリアに到着したばかりのナルセス率いる七〇〇〇人の帝国軍と合流した。しかし、この部隊は、当初期待されたほどの働きをしなかった。というのも、ナルセスが、ベリサリオスの命令を拒んだからである。ヴィティゲスに攻囲されたリミニを解放し、ウルビーノもビザンツ軍の手に戻った（ナルセスとともにやってきたイリュリクム管区軍司令官ユスティヌス麾下の軍団が離反したにもかかわらずこの占領は成功した）。しかし、ビザンツ軍によって再征服されていたミラノは、一万人のブルグンド軍が支援するゴート軍に攻囲されており、救出にまに合わず、五三九年三月に占領され、住民の大虐殺が行なわれてしまった。ナルセスは、このときコンスタンティノープルに召還された。単独の司令官となったベリサリオスは、重要なオシモの要塞、ジャンニ＝マルティーノ・フィエソーレを占拠した。フランク族のパヴィアへの侵入は部分的に混乱をもたらした。なぜならこの侵入は、ゴート人にもビザンツ人にも向かっていたからだった。しかしフランク人は、疫病と物資調達の滞りから、パヴィアを再び離れざるをえなくなった。もっともこの退却の途上で、彼らはジェノバを略奪している。五三九年末、中央イタリアは解放された。ベリサリオスはラヴェンナ攻囲を開始し、海岸側を艦隊が塞いだ。

このとき、ユスティニアヌスは、東方国境地帯の情勢に脅威をおぼえていた。彼は、一方でヴィティゲスが、他方で反乱するアルメニア人たちが、コスローを唆して帝国を攻撃するよう働きかけていたことを知った。彼はゴート人との交渉を決意した。ラヴェンナ占領の前、五四〇年の初頭、特命全権大使団がコンスタンティノープルから到着した。そしてゴート人らに、ポー川以南のイタリア、また王国の財宝の半分を放棄することを提起した。ヴィティゲスはこれに同意したが、この同意にベリサリオスの署名が賦されて保証されることを望んでいた。ところが、ベリサリオスはこの署名を拒否し、攻囲を続行した。そしてゴート人とヴィティゲス自身から提案された条件、つまり彼を西方の王（basileus）にするという条件を受けるふりをした。これによってベリサリオスは、ラヴェンナに一戦も交えずに入城することができたのだった。五四〇年五月のことである。このとき、ベリサリオスは、この町がユスティニアヌスの名のもとに占領され、東ゴート王国がもはや存在しないことを宣言した。しかし、彼はこれと同時に東方に呼び戻された。コスローがアンティオキアを占領したのである。ユスティニアヌスは、ベリサリオスがゴート人の申し出を受け入れたのではと疑いながらも、彼を欲していた。ゴート人たちは、これを裏切り行為と見なして激昂した。和平を拒絶して、ヴィティゲスにかえてイルディバドゥスを王にした。ベリサリオスは、ヴィティゲスをコンスタンティノープルに伴っていたのだった。

5　トッティラの勝利（五四一～五五〇年）

イルディバドゥスは、当初一〇〇〇人の戦士しかもたなかったが抵抗活動を開始した。ところが、彼は五四一年五月に暗殺されてしまう（彼自身、配下の将軍の一人ヴライアスを暗殺させていた）。エラリクスがイルディバドゥスのあとを継いだが、彼もまたこれより五か月後に暗殺されてしまう。この段階で、ゴート人はトッティラを王に選出した。トッティラは、再び対ビザンツ戦に取りかかり、成功を収めることになる。

トッティラの勝利の要因はいくつもある。まず、ビザンツ軍には一〇名ほどの将軍がいたが、ベリサリオスがコンスタンティノープルに出立したのち、ビザンツ側にまとまった軍指令系統がなくなっていた。次に、イタリアにおけるビザンツの課税行政の復活が、住民に強い反発を引き起こしていたという事情がある。これには、債務の圧縮、閑職での給与の廃止、施物の削減、納税遅延に対する強制執行が伴った（税の強制徴発では、「はさみ」と渾名された査察官アレクサンドロスが、悪評をとった）。さて、最後には、軍隊への給与支払いが遅れ、多くの離反者を生んだということがある。しかし、トッティラの勝利の要因ということでは、このほかにも、トッティラの巧みでエネルギッシュな政治についても探る必要がある。彼は、セナトール階層が皇帝に与《くみ》したのと同じように、各都市の中流階層――商人、また農民層――の支持を求めた。彼はラティフンディウム地を収公し、その土地の多くをこれを耕作する者たちに分配した。また、賦役と現物賦課を免じ、奴隷を解放して彼らを軍団に組み入れた。また彼は、卑賤な出自のイタリア人に行政を任せもしたのである。

敵対する勢力は、ユスティニアヌスの命令により、五四二年春に力を盛り返した。しかし、この敵対者たちの指令系統には不和があり、これに乗じたトッティラは、当初勝利を重ねた。彼は、ファエンツァ、またついでフィレンツェ近郊のムゲッロでビザンツ軍を破る。夏、トッティラは、ベネヴェントの要塞を含むいくつもの要塞を占拠しながら、南方に向かって進軍した。ついで、彼はナポリ手前で陣を張り、艦隊建設に取りかかる。トッティラの軍団はクーメスを占領、実質的にイタリアの南部全体を支配下に置いたのである。トッティラは、この地域に独自の農業政策を施行した。捕らえた貴族女性に荒々しいことをすることもなかった。これは、彼がユスティニアヌスとの和解の望みを捨てていなかったことの証拠である。皇帝の肖像はいまだ貨幣に刻まれていた。

トッティラの勝利は、最終的にユスティニアヌスに、イタリアでの指令系統を再統合させる必要を痛感させることとなった。ところが、ユスティニアヌスが指名したのは無能なマクシミアヌスだった（この者は同時に道管区長官にも指名された）。マクシミアヌスの動きは遅く優柔不断だった。このことが、トッティラに二つの海戦に勝利を収めさせ、ナポリ解放のために差し向けた軍隊を全滅させることとなってしまう。そして五四三年春、ナポリはトッティラ側に降伏した。このときトッティラは、ローマ元老院に書簡を送り、自身に合流するよう求め、またローマに安全宣言を掲示させた。これは、ナポリ人に対して行なったやり方であり、信頼できるものとなっていた。このときユスティニアヌスは、ベリサリオスをイタリアに派遣するのを諦めていた。ベリサリオスは、ペスト横行中に陰謀を企てたとして告発され、不興を買っていたのである。彼には、取りあげていたブケラリオス隊を託すことも、軍司令官の職籍を与えることもされなかった。かくしてベリサリオスは、自前で、生まれ故郷のトラキアで軍隊を調達しなければならなかった。彼は果たしてそうしたのであるが、ラヴェンナ到着は五四四年も末になってのこととなった。四〇〇〇人の兵士を伴ったが、あまり経験を積んだ者たちではなかった。五四五年になって最初の数か月間に、彼はオトラントとオシモを占領した。ところが、自身の軍団中に離反者が出る事態となった。給与を支払われていなかった者がいたのである。加えて、ブルガール族が急襲し、本拠地が荒らされたことを知り、イリュリクム人からなる戦闘部隊が出立した。この段階でベリサリオスは、皇帝に援軍要請をすべく書簡をしたためた。

　五四五年末、トッティラは、バッサス指揮下の守備隊が守るローマに向けて進軍し、この町の攻囲を開始した。ビザンツ側は、反応するのに時間がかかった。ベリサリオスは、デュラキウム〔バルカン地方アドリア海沿岸の町〕にあって、長いこと援軍を待っていた。援軍が到着しても、ベリサリオスと、ヴィタリアヌスの甥であった指揮官ヨハネスとはウマが合わなかった。ヨハネスはイタリア南部の再征服を主張したが、ポルトに上陸したベリサリオスは、ローマに食糧と物資を供給する気になっていた。そして、ローマ攻囲軍に一撃を加えようとしていた。が、それも空しいことだった。ローマは、結局五四六年十二月十七日に奪取される。イサウリア人兵士〔ビザンツ東方タウルス地方出身の兵士〕によって城門が開けられるという裏切り行為があっての結果だった。トッティラは、ここでユスティニアヌスに特使を送り、事態を戦争開始以前の状態に戻すことを提案した。しかし皇帝はベリサリオスにこれを回付したにとどめた。トッティラはまた、ローマの城壁を取り壊し、町を荒廃させたまま南方に進軍して、ヨハネスによって占領されていた場所を攻撃した（トッティラは、当初ローマを破壊すると口にしていたが、のちに教皇となるペラギウスとベリサリオスに説得されて思いとどまっていた）。ベリサリオスは、この機に乗じてローマを占領し（五四七年四月）、町を城壁で固めた。トッティラは、町からベリサリオスを追い出すことができなかった。その後数か月間は一進一退が続く。その結果、五四九年初頭には、ベリサリオスがコンスタンティノープルに召還された（彼自身、妻アントニーナを仲介として召還を申し出ていたのだった）。しかしユスティニアヌスは、テオドラの死（五四八年六月）ですっかり参っており、また「三章問題」〔第七章参照〕に忙殺されて、周囲をはらはらさせる優柔不断の数か月を送ることとなった。五四九年春、ゴート艦隊は、ビザンツ側の反撃を見ることなくダルマティア地方沿岸を荒らすことができたのだった。

五五〇年一月十六日、トッティラはローマを再び占領することに成功した。給与にありつけずにいたイサウリア人兵士たちが、いま再びその城門を開けたのである。トッティラは、今回はローマの再建とその再植民を行なうことを決めた。そして、再びビザンツ側と交渉を試みた。しかしユスティニアヌスは、その特使の受入を拒んだ。トッティラは、艦隊を派遣しシチリアを略奪し、五五〇年末、莫大な戦利品をもってこの島をあとにした。ユスティニアヌスは、ついに自身の従弟であるゲルマノスを司令長官に任命した。ユスティニアヌスは、ゲルマノスとヴィティゲスの寡婦マタソンタを結婚させており、これによって彼はゴート人貴族との同盟が可能だったのである。ところが、ゲルマノスは一大軍団を組織したものの、五五〇年秋に亡くなってしまった。ユスティニアヌスは、その後継者に宦官ナルセスを選んだ。

6 トッティラの挫折（五五一〜五五二年）とゴート王国の終焉

ナルセスは、五五一年春にコンスタンティノープルを出発した。しかし彼は、その年をトラキアおよびイリュリクムで過ごす。麾下の軍団兵士を徴集するためだった。この間の夏、ゴート人たちはアンコーナを攻囲した。しかし、彼らの艦隊はセナ・ガリカの地で破壊され、このことが原因で彼らゴート人はアンコーナ攻囲を解き、そのかわりにコルシカ島とサルディニア島を再び占領した。ところが、五五二年春、ナルセスが一大軍団とともにイタリアの街道を押さえる。この軍団は、十分な武具を備え、定期的に給与支払いを受ける兵士から構成され、兵士数は少なくとも三万五〇〇〇人、うち一五〇〇人がランゴバルト人、三〇〇〇人がヘルリ人騎兵から成る軍団だった。トッティラは、これに抗戦するため移動した。そして六月末に、ブスタ・ガッローウムの戦いが起こった。この戦いでゴート人は敗北し、トッティラは殺害されてしまう。これより数日後、ナルセス軍はローマを取り戻すこととなる。

ところが、ゴート人は戦闘を終結させようとせず、トッティラ配下の将軍のなかからテイアを王として選出した。ナルセスが、ゴート族の財宝の一部があったクメス攻囲を開始したとき、テイアはこの町を救おうとした。しかし、ゴート人に物資を供給していた艦船が破壊されると、ゴート軍団はラクタリウス山上に退却しなければならなかった。この地で軍団は五五二年十月に壊滅する。テイアは殺され、生き残った者たちは降伏したが、なお小さな抵抗勢力は残った。他方、五五三年六月、フランク族とアレマン族から構成され、ブティリヌスとレウタリス（フランク王テオドベルトゥスの弟）が指揮して、ゴート人が支援する一大軍団が、中央イタリアを略奪した。しかしブティリヌスは、五五四年秋にカープア近郊でナルセスに敗北を喫する。他方、レウタリスとその軍団は、ペストの犠牲となっていた。ゴート人側の最後の要塞コンプサは五五五年春に奪取された。ヴェローナとブレシアは五六一年に奪われた。フランク人支配のヴェネチアもまたビザンツ側に再奪取された。

7　ビザンツ領イタリア

この長期にわたった戦争は、多くの損害を引き起こした。ローマ司教ペラギウス一世（在位五五六～五六一年）は、書簡のなかで、農業面におけるこれら損害の諸因を強調している。しかし、諸都市――ローマを筆頭として――もまたたいへんな被害をこうむっていた。五五四年以降、同年八月十三日に公布された『国事詔書』の規定としてその多くが含まれるさまざまな施策が実施され、これによってビザンツの権力がイタリアに復活した。この地は、ローマの属州を単位として再編された。防衛は、城壁の再建や、北部（これには任地を持たない軍司令官が指揮する四つの辺境公領が含まれた）においては、城塞の建設によって確保されることとなる。民政と軍政の完全分離は原則として継続された。しかしナルセスは、両権限を行使し続け、ドゥークスやトリビュナトゥスといった下僚たちは、民政権限を暫定的に保持していた。ローマでは、民政は教会によって担われた。

社会経済の領域では、『国事詔書』が、指導者階層の自由を強化し、ローマにその諸特権（アンノナ、教師への支払い、公共事業用の資金）を戻し、トッティラが行なったすべての行為と贈与を無効とし、古い隷属関係を復活し、奴隷やあらゆる動産、不動産をもとの持ち主に戻すよう命じた。財政上の濫用に対するいくつかの保証措置が準備されていた。また別の法（五五六年頃発布）は、五五五年までに契約された債務について弁済猶予を定めた。これは債務者に、抵当が設定されている貸し付けを別として、資本の半分のみを返却すればよい、とするものだった。この措置は、最富裕の所有者層に対するものでなかったが、大きな財産をさらに強大化することになった。元老院身分の財産は、こうして多かれ少なかれ回復された。しかし、多くの元老院身分の者たちはコンスタンティノープルに移住していたし、再び重要な役割を果たすことはほとんどなかった。ある者たちは教会に入った。その最も注目すべき人物はカッシオドールスであろう。彼がヴィヴァリウム山に建てた修道院は、ラテン語による古典古代文化の文学的、文化的遺産の一部を救うこととなった。教会は、さらに多くの者にとっての避難所となり、これに伴い、教会財産は寄進によって拡大し続けた（教会はこのほかアリウス派の教会の財産を受け入れていた）。とくに、修道院制度は、新たに大きな発展を経験した。ローマ司教ペラギウス一世は、イタリアの再編とその経済再建に重要な役割を果たすこととなる。ところが、はやくも五六八年以降になると、ランゴバルト族の侵入がビザンツ領イタリアの状況を再び変えることになるのであった。

III　スペインの再征服

スペインの一部に対する再征服活動は、北アフリカおよびイタリアの再征服とは比較することができない。なぜなら、西ゴート族がこの地を堅固に保持していたからである。同地の再征服は、王権に対する反逆の結果としてしかありえなかった。ローマ系臣民から不満を抱かれていた王アギラ〔在位五四九〜五五四年〕は、親類の一人アタナギルドからその権力を認められないでいた。人知れずカトリック教徒であったアタナギルドは、五五一年、ユスティニアヌスに援助を求めた。パトリキオス位の老リベロス（かつてテオドリクス期のイタリア道管区長官であった）率いる小部隊が、五五二年なかば頃にイベリア半島南部に上陸した。この部隊は、当時分裂していた西ゴート族の一部から、わずかな抵抗を受けただけだった。そしてまもなく、ヴァレンスからコルドヴァを経てカディクスを結ぶ線の南に広がる地域を支配下に置いた。アタナギルドはアギラを打倒し、王となった〔在位五五四〜五六七年〕。このとき彼は、いささか侵入しすぎたこの同盟軍に対し、国外に出ていくよう画策した。しかし、リベロスはビザンツ権力の存在を誇示し続ける交渉をぬかりなく行なうことを忘れなかった。ビザンツ軍は、六二四年までこの地に留まることになるのである。

第五章　防衛戦争

Ⅰ　ペルシア

東方国境において、ローマ帝国はペルシア帝国と戦闘を繰り返していた。四世紀末以来、国境は古代のアルメニア王国の領域を縦断していた。古代アルメニアの大半はペルシア＝アルメニアに、四分の一がローマ領の西アルメニアになっていたのである。この地域より南では、ニシビス、また属州メソポタミアの一部が、三六三年にペルシア帝国の手に落ちていた。ユーフラテスの南、トランスヨルダンの砂漠を横切る国境線に沿っては、アラブ人のラクミド朝がペルシアの属国としてあり、他方、ガッサン朝アラブがビザンツの属国となっていた。

ユスティヌスが皇帝になったとき、この国境地帯は平和だった。四年間にわたる戦争ののちの五〇六年、カヴァドゥとアナスタシウスが七年間の休戦協定を結んでいたが、当時なおこの協定が効力をもっていた。四年にわたった戦争は、四四二年の協定で約束された金銭の支払いを、ビザンツ側が拒否したことへの不満から、カヴァドゥによって仕掛けられたものだった。それは、北方から到来する蛮族の侵入から両帝国を守るためにコーカサスの城塞を維持する経費だった（レオン一世期〔四五七〜四七四年〕に中止され、ゼノン帝期〔四七四〜五、四七六〜四九一年〕に再開されたこの支払いは、四八三年に最終的に中止されていた）。休戦条約を結ぶためにアナスタシウスは、ペルシア側に毎年金五五〇リトゥラ（三万九六〇〇ソリドゥス）を、七年間にわたって支払う約束をしていた。他方、それぞれに建てられた城塞（ニシビスとダラ）は、依然として健在だった。

1　新たな戦争への前兆

摩擦が生じる最初のきっかけは、黒海沿岸にあったラジカ王国によってもたらされようとしていた。ビザンツ人がレオン一世治世にこの国を放棄して以来、同国の王たちは、ペルシアに従っていた。両帝国にとって、同国は大変重要な戦略地点であった。つまり、この国はペルシアに黒海への出口を提供していた一方で、ビザンツとコーカサス北部にいた好戦的な民（たとえばフン族）とのあいだにあって緩衝地帯となってもいた。ビザンツにとって、同国は塩やワイン、小麦の輸出先でもあった。ビザンツ側は、それと交換に皮や奴隷を輸入していたのである。五二二年、ダムナゼス王が没すると、その息子ツァトは、カヴァドゥにではなくユスティヌスに認証を求めようとした。こうして同国は、ビザンツの属国になった。ユスティヌスは、ツァトに洗礼を施させ、キリスト教徒の妻を与えさせた。ツァトのもとに派遣されたこの使節には一人のドゥークスが伴っており、このドゥークスは多くの城塞を建設している。ラジカ族の王とのこの同盟は、アピシリア族、スバネ族の王との同盟ももたらした。これらの王もまたユスティヌスに服従した。

カヴァドゥは、この外交関係の断絶に抗議し、現状維持を主張した。しかし、それは穏健なやり方だった。彼は、国内で、政治的に敵対するマザク派〔共産主義的主張をもち、カヴァドゥも初期には貴族層への対抗から支援した〕を排除したがっていた。他方、寵愛する息子のコスロー――長子ではなかった――を後継者にしたいと思っていた。そのために、カヴァドゥは、コスローを皇帝ユスティヌスの養子にすることを考えついていた。数度にわたる交渉はこの目的のために行なわれた。交渉の結果、ビザンツ側は、コスローを――ビザンツ側にとっては蛮族だったが――ローマ法によるのではなく「軍団によって」養子とすることを提案した。このやり方は、ゲルマン諸族とのあいだで行なわれていた方法である（これによってテオドリクスはゼノンの養子とされていた）。ユスティヌスの財務官〔クアエストル〕であったプロクロスが、ローマ法による養子には危険があると注意を喚起したのである。これは、コスローに、帝国を遺産として簒奪させる可能性を与えるというのであった。この申し出は、コスローを激昂させた。ペルシア人たちは、他方で、コーカサスにキリスト教連合ができることを敵意の目をもって見ていた。コーカサスでは、フン族の諸部族がアルバニア以来洗礼を受けており、四世紀にはキリスト教化していた。

そのうえ、五二四年ないし五二六年、ペルシア人がイベリア地方（グルジア地方のこと）で、キリスト教儀礼を妨害したことにより、王グルゲンがペルシア人に反旗を翻し、ラジカに逃れるという事件が起こった。ペルシアはグルゲンを同地にまで追っていったが捕らえられなかった。この事件によって、休戦は終わりを告げることとなる。

2　ユスティヌスの予備折衝

まもなく軍団がラジカに派遣され、イベリア地方との境界上の要塞を占拠した。他方、ベリサリオスとシッタス、ユスティニアヌスのブケラリオス隊が、ペルシア領アルメニアに二度侵攻した。一度は成功し巨額な戦利品を得たが、いま一度はペルシア側に押し返された。さらに決め手を欠く軍事行動がニシビス周辺の国境に沿って行なわれたが、ユスティヌス帝が死去すると（五二七年八月）、新たな休戦協定の話が出て、交渉が行なわれた。ビザンツ側からヒパティオス（アナスタシウス帝の甥）、ペルシア側からはファレスマネスがこの交渉にあたった。

3　ユスティニアヌス帝治下――第一次ペルシア戦争（五二八年～五三二年）

休戦交渉は続けられたが、戦争の準備も続行された。ユスティニアヌスはこのとき以降、東部部隊を再編成した。彼はパルミュラ――古代シリアの商業都市（ダマスカスと同様にドゥークスがおかれた）を再建し、ユーフラテス川に沿ったキルケシウムを要塞へと造り変えた（ドゥークスを配置）。アルメニア戦線では、ユスティニアヌス帝は、属州大アルメニアを創設した。ここは、属州ポントス・ポレモニアックやアルメニア第一、同第二、その他いくつかの太守管轄区とともに東方軍司令官[1]の管轄下よりはずされ、アルメニア管区軍司令官のもとに委ねられた（初代司令官は皇帝の義弟シッタスだった）。新たなドゥークスが創設され、二つはツァン族の領域内（ヨハネスがすでに従わせるのに成功していた）に、また二つは太守管轄区域に置かれた。ユスティニアヌスはまたベリサリオスに、ダラに程近い国境線沿いに新たな要塞建設を命じた。これにより休戦交渉は決裂した。

（1）五三二年以降に行なわれた再編成も、この地域に関わっていた。第三章五九頁参照。

五二八年の春、新たな戦闘が発生し、帰趨が定まらなかった。まず、ラジカとメソポタミアで反ビザンツ運動が起き、ラジカで優勢となった（フン族サビール人の王妃であるボアが、ペルシアと同盟を結んだその他の派閥を攻撃しながら、ビザンツ側を援護した）。他方、皇帝はオリエンス道管区に援軍を派遣した。そのような情勢のなか、冬が来る前に新たな休戦が訪れる。

五二九年三月、ペルシア同盟がエスカレートしたために緊張が高まった。ラクミド朝のアル＝ムンディールが一軍を率いてアンティオキアまで急襲を行なった。彼は大量の捕虜を連れて帰る（そのなかには彼が自分の神の一つに捧げさせた四〇〇人の少女も含まれていた――偽ザカリアスが伝えるところでは、これは目撃者の証言に基づいているという）。彼はまた、かつてみずからの首府だったヒーラに対し攻撃を仕掛けた。そこは、ビザンツの三人の辺境担当ドゥークスとガッサン朝のハリトを含む三人のアラブ人首長によって支配されていたのだった。ハリトは、ユスティニアヌスからパトリキスの爵位を授けられ、ローマ帝国に忠実なるアラブの王として栄誉を与えられていた。ベリサリオスは、このときオリエンス管区軍司令官に任ぜられた。

五三〇年という年は、ビザンツ側の勝利によって特徴づけられる。五三〇年六月、ベリサリオスはダラにおいてペルシアとの重要な戦いに勝利を収めた。ペルシア人はその戦いで八〇〇〇人を失った。ユスティニアヌス帝の騎馬像がこの勝利を記念して建てられた。シッタス（首都軍団司令長官になった）とドロデアス（アルメニア管区軍司令官）が、サタラの戦いでミール・ミフロエスに勝利した。アルメニアの要塞ファランギウムとボルムは、守備隊の長がビザンツ側についたおかげで奪うことができた。事態がこうであったにもかかわらず、五三〇年末にカヴァドゥは、皇帝の密使と内々に同意していた条約を拒否した。おそらくこれは、五二九年の反乱弾圧後、ペルシアへ逃れたサマリア人の影響であろう。

五三一年春の遠征は、はるかに雌雄のはっきりしないものだった。そこでは勝利と敗北が交互に起きた。四月十九日、ベリサリオスの軍（二万）は、スラ＝カリニクム間で、シリア第一属州を荒らしたばかりの一万二〇〇〇のペルシア軍に敗れた。ベリサリオスは不適格として呼び戻され、かわりにムンドスが指揮をとった。これとは逆に、マルティロポリスのドゥークスだったドロテアスとベサスは、アルメニア戦線で再び勝利した。ペルシア軍はマルティロポリスを包囲したが、失敗に終わった。九月十三日、カヴァドゥが亡くなると、再び休戦交渉となった。ユスティニアヌスが西方での再征服にむけて活動の自由を欲していたのである（再征服の成功後に書かれたテクストが推察させるほどには、おそらく計画は練れていなかったが）。他方、コスローは内政問題（ライバルとの争い）と外交問題（北東国境部の蛮族）を解決しなければならなかった。五三二年九月、かくして「永久平和」が調印された。これにより、征服地は返還された。つまり、ラジカはビザンツ側へ、イベリアはペルシア側へ戻されたのである。メソポタミアのドゥークスはダラから退去せねばならず、コンスタンティナへ移った。ビザンツ側は昔の負債を清算しなければならなかった。かくして、彼らは金一万一〇〇〇リトゥラを支払った（五〇六年に二〇年間の年賦と取り決められていた)。これは、けだし適正だった。というのも、ペルシアによって保証されたコーカサスの交通監視は、ビザンツ側にも有益であり、他方、ユスティニアヌスが執政官職に四〇〇〇リトゥラの金を使うこととくらべたら、これはそれほど高額でもなかった。平和という結論は、皇帝がメソポタミアやオスロエネ、ユーフラテス、シリア、アルメニア、そしてカッパドキアなどで、多くの都市を要塞化するのを妨げるものではなかった。彼はまた要塞を一二再建させてもいる。「永久平和」は一二年間続くことになる。

4 第二次ペルシア戦争

第二次ペルシア戦争のイニシアティブは、コスロー一世アノシャルヴァン(「不死の魂を持った者」の意)に握られた。彼は若く、行動的であり、「永久平和」のあいだに権力基盤を固めていた。彼は領土的な征服は望んではいなかったが(副次的な調整は別だったが)、ビザンツ帝国の富を略奪したいと欲して、平和を決裂させる口実を探していた。五三九年、東ゴート王ヴィティゲスはコスローに大使を派遣した。それは、コスローに、ペルシアの安全がユスティニアヌスによって脅かされるだろうということを伝える使者だった。なぜなら、アフリカの次に皇帝はイタリアを手にしたからである、と。他方、五三六年にユスティニアヌスはアラブの部族長ハリト(ビザンツ寄り)とムンディル(ペルシア寄り)のあいだに起きた争いを調停するため、使者を派遣していた。ユスティニアヌスは使者を通じてムンディルに、コスローに対する恭順と両立しがたい提案を伝えさせた。そしてムンディルは、この提案をもたらした者を王の前で断罪していた。彼が引き合いに出さなければならなかったもう一つの口実はこうである。すなわち、ユスティニアヌスはフン族へプタリ人に、ムンディルと戦争をするようけしかけたのだと。コスローにとって、状況は好ましく見えたはずである。ビザンツ軍はイタリアで忙殺され、五三七年にはダラで反乱が起きていた。また、五三八年にはローマ領アルメニアでもう一つ別の反乱が起きた。この地方の封建貴族たちは、彼らに課された税金に抗議し、反旗を翻した幾人かはペルシア領へ逃亡し、コスローに援助を求めていた。

「永久平和」の崩壊——毎年の遠征（五四〇年〜五四五年）——コスローの態度は脅威的なものだった。ユスティニアヌスは、五三九年末にアナスタシウスを大使として彼のもとへ派遣した。このとき皇帝は、コスローに「永久平和」遵守を求める書簡を携えさせた（テオドラからペルシアの大臣ザベルガネス宛の書簡もあった）。このとき以来、ユスティニアヌスの反応は、ペルシア国境戦線への遠征や敵の急襲を防ぐためにはビザンツ側の資金が不十分であったことを示している。ビザンツ側はほかに再征服戦争を遂行していたにもかかわらず、である。コスローはまったくこの手紙を斟酌せず、五四〇年三月、大軍団でもって帝国領土に侵入した。彼はまず、スラを攻略し、そこで一万二〇〇〇人を捕虜にした。オリエンス管区軍司令官ブゼスはヒエラポリスにいたが、わずかな軍勢しかもたなかったので動けなかった。ユスティニアヌスは、自分の従弟ゲルマヌスに三〇〇騎のブケラリオス隊を率いさせ、また部隊の増強を約束してアンティオキアに派遣した。ゲルマヌスはコスローと相対するが、コスローは金一〇〇〇リトゥラと引き換えに帝国領内から撤退する用意があると言明した。ゲルマヌスは、その撤退を待ちながら、コスローが包囲していた諸都市を救うために支払いを行なった。ヒエラポリスは銀一〇〇〇リトゥラでよかった。ベレアには銀四〇〇〇リトゥラが要求された。が、二〇〇〇リトゥラしか支払われなかったため、コスローは町を占領し、破壊した。こういう場合はいつも、文民であれ、軍人であれ、およそ権力者は不履行を決め込む。町の包囲を解く条件をコスローと交渉しなければならなかったのは、司教たちだった。アンティオキアでは、皇帝の使者が条件を拒絶したために、交渉は決裂した。ゲルマヌスも総主教エフレム（交渉されている解決策には好意的であった）も、多数の住民とともに町を離れた。パルミラやダマスカスのドゥークスに率いられた六〇〇〇のペルシア軍が到着した直後のことだった。

六月、ペルシア軍はアンティオキアを包囲した。軍人たちが急に離脱してしまったにもかかわらず、住民たちは勇敢に防衛した。しかし、町は占領された。虐殺が行なわれ、公然と略奪がなされた。生き残った三万の住民たちはペルシアへ連行された。王は彼らに、クテシフォンのそばに彼らが自分たちの慣習でもって暮らしていける町を建設させた。ついでコスローは、ユスティニアヌスの使者に、和平の条件を突きつけた。それは、ただちに金五〇〇〇リトゥラを支払うか、もしくは永久に毎年金五〇〇リトゥラを支払うか、というものだった。続いてコスローは、ペルシアから以下の諸都市に通じる街道を押さえ、要求を突きつけた。つまり、アパメア（金一〇〇〇リトゥラの税と、この町が持っている金や十字架の聖遺物を含む高価なもの）、カルキス（金二〇〇リトゥラ）、エデッサ（金二〇〇リトゥラ）、カッラエ（大部分が異教徒であったため、この町は免除された）、コンスタンティナ（支払った）である。彼は、ダラを包囲したが攻め落とせず、銀一〇〇〇リトゥラとの交換でこれをあきらめ、帰還した。ユスティニアヌスは、コスローに彼の条件を受け入れる旨を書き送った。しかし、ダラの包囲により、この条件受け入れを再考しなければならなくなった。

これら最初のペルシア側の勝利は、ラジカにおける同盟関係の変化をもたらした。この国の王グバゼスは、コスローのもとへ再び臣下となるべく使者を派遣した。というのも、彼の臣下たちは、ビザンツの軍司令官ヨハネス・ツィブスから不当に搾取されていると感じていたからだ。ヨハネス・ツィブスは、すべての商取引を独占していたのである。五四一年の春、コスローはラジカに進軍してこれを征服し、グバゼスの服従を受け入れ、彼にペトラの要塞を包囲させた。そこにツィブスが逃れていたのである。ペトラは陥落し、ツィブスは殺害された。しかし、ツィブスの富を手にしたのはコスローだった。こうして彼は再びペルシアへ向けて秋に出発した。彼は次のことをしっかりと理解していた。すなわち、アルメニア管区軍司令官ヴァレリアノスがローマ領アルメニアでフン族の軍隊を扇動し、壊滅させていたこと。また、ベリサリオスがメソポタミアで優勢であること、を。実際、ベリサリオスは増強部隊――自分の騎馬隊とイタリアから連れてきたゴート族部隊――を引きつれて春に到着し、ペルシア領内へ入っていた。彼はニシビスの包囲はあきらめたが、シサウラナの要塞を落としていた。他方、ビザンツ帝国の臣下であったハリトが、自分のアラブ人配下と一二〇〇のビザンツのブケラリオス隊とともに、ティグリス川を越えて略奪するために前進していた。しかし、ハリトは略奪品をビザンツ側と分配したくはなかったので、ペルシアの大軍が接近しているとビザンツ側に信じ込ませた。さらに、ビザンツ側に疫病が発見され、これによりベリサリオスは急遽引き返さなければならなかった。『秘史』は、これにもう一つ別の理由を与えている。つまり、ベリサリオスは不義を知らされた妻アントニーナに急いで会いに行ったのだ、と。

五四二年春、コスローは再びユーフラテスに遠征した。彼はセルギオポリスを包囲した。同地の主教が、スラにおける捕虜解放の代償として前年に約束していた金二〇〇リトゥラを貢納できずにいたからである。しかし、包囲は水不足のために解かざるをえなかった。そのうえベリサリオスもユーフラテスに到着した。このためにコスローはユーフラテス川を再び渡った。言い分が変わった。コスローはビザンツ領から退去することを約束し、ベリサリオスは交渉のための使者を派遣することを誓った(交渉は五四五年の春まで行なわれなかっただろう、というのも使者たちは、それより早くはコスローと接触することはできなかっただろうから)。かくして、ペルシア王は自国に戻った。もっとも、カリニクムを通過した際に、この町を破壊せずにいなかったが。おそらく、彼は帝国内で猛威をふるっていたペストを恐れて立ち去ったのだろう。ペストの脅威はユスティニアヌスにも影響をおよぼし、ベリサリオス、ブゼスの召還と失寵を引き起こすこととなった。彼らは、ユスティニアヌスの永久なる後継者に敬意を払うため、コンスタンティノープルに再度戻らない旨を言明したようである。ユスティニアヌスの後継者と考えられたのはテオドラでしかなかった。

翌五四三年、ペルシア領アルメニアにおいて事態は展開する。コスローは、みずからの王国の北西部で見つかったペストと、それに続く息子の一人の反乱によってアッシリアへと逃れていた。他方、親ビザンツの潮流がアルメニアで現われていた。そこは、五三八年に反乱が起こって、ビザンツに従っていたところだった。三万を越す住民が、いくつもの部隊（ユスティニアヌス治世の最も重要な軍の一つだった）に分かれて、アルメニア管区軍司令官ヴァレリアノスとオリエンス管区軍司令官マルティニノスの指揮下に、ペルシア領アルメニアに侵入したのである。彼らは、およそドゥインまで前進したが、アングロン近くの要塞でペルシア側に破れ、混乱状態のなかビザンツ領へと引き返した。

五四四年、コスローが再び動きだし、再度ビザンツ帝国領内へ侵入した。今回の彼の目的は、マルティノスに率いられていたエデッサの町だった。コスローは包囲をはじめ、町のすべての富を引き渡すまで攻囲をとくことはない、と告げた。そして彼は、城壁の前に、木や土、石を積みあげ、ある種のやぐらを組んで町を奪い取ろうとした。しかし、エデッサの住民たちはそこに火を放って抗戦した。他の多くの手段も奏功しなかった。コスローは結局、金五〇〇リトゥラをもって包囲解除に同意することとなる。同年、メソポタミアのドゥークスであったヨハネス・トログリタが、ペルシアに対して二度の勝利をもたらした。一つはテオドシウスポリスでの勝利であり、もう一つはダラ近郊での勝利だった。後者では、敵の将軍ミール・ミフロエスを捕虜とした。

休戦から休戦へ（五四五年〜五六一年）——そうした状況のうえに、五四二年に約束された交渉がついにもたれた。さらにもう一度、ユスティニアヌスは五年間の平和を買い取ったのである。皇帝は、あらかじめ金二〇〇〇リトゥラを支払った（そして一年間、コスローに当時の最も有名な医者トリビュノスを貸し出した)。休戦協定はアラブの部族長に関しても取り決めた。しかし、つねにペルシアに支配されていたラジカに関しては触れていない。この休戦協定はアラブ人部族長間の争いをとめなかった(ムンディルは五五四年にハリトに殺された)。協定はラジカでも争いを抑える効果はなかった。実際、ラジカ人たちは、ペルシア人が課したゾロアスター教や、ビザンツとの商業取引の禁止に憤慨して、再びビザンツとの同盟を求め始めた。グバゼスはユスティニアヌスに許しを乞い、援助を求めた。これに対して、ユスティニアヌスは五四八年にダギステアスを再度アルメニア管区軍司令官として派遣した。この軍司令官はペトラを四か月間包囲したが、ペルシア軍が近づいてきたため、これをあきらめた。続いて、いくつか成功を収めるが、ペルシア人に再補給や城塞の再軍備をほしいままにさせておいた。結果として、彼は失脚した。ベサスが彼に取って代わったが、彼はまず初めにアブハジア人とアスピリア族の反乱に直面しなければならなかった。ベサスは五五一年、ついにペトラを攻略する。しかし、彼自身は国を離れ、ミール・ミフロエスが、一軍団を率いてラジカの主要部分の支配者に戻った。

コンスタンティノープルで交渉された(五五一年の秋まで続いた)新たな休戦協定は、五年間という条件で決着をみた。ビザンツ側は二六〇〇リトゥラを支払った(そのうちの六〇〇リトゥラは五五〇~五五一年度、すなわち初年度に支払った)が、ラジカに関しては解決にはいたらなかった。ペルシア側の使者イザドゥ・グフナスフは、コスローにラジカをあきらめるよう説得することを約束していたが、王はコーカサスのフン族を増援部隊として派遣するために資金の一部を使った。ペルシア側のこの増強策にもかかわらず、ビザンツとグバゼスの部隊は五五二年にはいくらかの成功を収めた。続く二年間、皇帝は大規模な援護部隊をラジカに派遣したようである。五五五年、ミール・ミフロエスは（ベサス、マルティノス、ルスティコスに率いられた）ビザンツ軍に戦いを挑んだ。ラジカのグバゼス王は、ユスティニアヌス帝にこれらの将軍への不満を書き送っている。ベサスは召還されたが、他の二人の将軍はグバゼスを殺害させた。ラジカ人の不満が新たに皇帝のもとに届いたあとで、ツァトス二世が兄グバゼスのあとを継いだ。そしてルスティコスは死刑、マルティノスは罷免された。五五六年の春、軍事行動に関していえばビザンツ側は好調であった。そして徐々にペルシア側はラジカでの支配領域の大部分を失っていった。五五七年に新たな休戦協定が賠償金なしで結ばれ、それは永久的な平和条約が待ち望まれていたラジカにまで範囲が広がった。

この条約は、五六一年末に、五〇年間の休戦というかたちで結ばれた。ペルシア側はラジカをあきらめた——これはビザンツの勝利である。しかし、ビザンツ側は毎年三万ソリドゥス（そのうち三〇〇〇ソリドゥスはすぐに）を支払わなければならなかった。国境線はアルメニアとメソポタミアにおいては不変であったし、ペルシア側もビザンツ側も新たな要塞を築くことを禁止された。アラブ人部族長たちはもはやビザンツもペルシアも攻撃することはできなかったが、部族長間の内部争いだけは可能であった。商業取引は規制された。ビザンツとペルシアの商人たちは、税関事務所の置かれた町（カリニクム、ニシビス、ドゥイン）においてのみ取引を行なうことが許された。

この平和条約は、ユスティニアヌスの晩年においては深刻な事態に陥ることはなかった。それは、五七一年、ユスティヌス二世によって破られることになるのである。

II 帝国と中欧諸民族との関係

帝国の北部では、黒海沿岸やドナウ川に沿って、また帝国中部においても紅海に沿うかたちで、そしてエジプト南部においても、多少とも政治的に組織された諸民族が大量にいた。これらの蛮族のうちには安全を確保するために領土的野心を持つものもあった。そして大半が、規則的に帝国に押し入り、略奪を行なっていた。ユスティニアヌスは彼らの脅威に耐えるため、さまざまなことをした。とくに、治世後半には種々の政策を打ち出した。とくに危険な蛮族の侵入に対抗するため、なんどか遠征部隊を組織した。また、そのようなときには、あらかじめ活発な外交を展開し、キリスト教の布教団の派遣とともに、栄誉称号の付与や贈り物、年金の下賜を行なった。また住民避難用の要塞を建設させ、蛮族侵入の際のダメージを軽減させた。蛮族たちは、たいがい町の攻略の仕方を知らなかった。ユスティニアヌスは何度も試みたが、これらの民族を制圧するのは不可能であった。

前節では帝国とラジカ族との関係に言及した。そしてその関係は、ラジカ族の近隣にあってその臣下となっており、ラジカ族と同じようにキリスト教化されたアスピリア族やスヴァネ族と帝国との関係をも規定していた。ラジカ族の北西に位置するアブハジア人（もしくはアバスギ）もまた、ユスティニアヌス帝治世の中期にキリスト教化された（五四六年頃）。それ以前、ユスティニアヌスはアブハジアの諸王に対して、少年たちの局部を切り取り宦官として彼らを売り払うことをやめるよう命じていた。ローマの部隊がアブハジアにあったために、彼らはビザンツに忠誠心を示さざるをえなかった。さらにその西部、現在のクリミア地方にあたる場所では、ビザンツが五二八年以降、独自に勢力圏を確保していた。この地方のフン族の王グロッドは、コンスタンティノープルに赴きそこで洗礼を受けたが、帰路、弟ムゲルによって殺された。ムゲルはボスポロス海峡を押さえてもいた。ユスティニアヌスは艦隊と軍団を派遣し、ボスポロスを奪回した。そして、ケルソンともども城壁を再建した。ケルソンは戦略的、商業的に重要な基地だったのである。帝国の使節がコーカサスのフン族サビール人のもとへ派遣された。その結果、いくつかの部族はキリスト教徒となり、ローマ軍を援助するようになった。

ドナウ川の境界線に沿っては、ゲルマン諸族、フン族、スラヴ諸族が押し寄せていた。最西端に位置していたのがランゴバルト族であり、四八八年以来、ルグ族が放棄していたノリクム・リプアイロスの東部に定住していた。紆余曲折の末、五一二年、ヘルリ族がアナスタシウス帝から国境内（パンノニア第一属州）に定住する権利を得ていた。五二八年、彼らの王グレペスがコンスタンティノープルを訪れ、洗礼を受けると、ヘルリ族は同盟部族〔ローマ帝国内で一定の権利と義務をもった異民族〕の地位を受け、シンギドゥヌム（現ベオグラード）やバッシアナ近隣の土地をもらい受けた（パンノニア第二属州）。ヘルリ族は帝国軍へ重要な派遣部隊を提供しなければならなかった。しかし、彼らは機会あるたびにバルカンの諸属州を略奪した。ゲピド族の王国は、パンノニア第二属州の南東部とシルミウムやシンギドゥヌム近郊のメッシア第一属州に建てられた。彼らはマルキアヌス帝〔在位四五〇〜七年〕以来の帝国の同盟部族だった。だからといって、彼らの帝国への略奪がなくなることはなかった。東に目を転ずると、スラヴ諸族を見出すことができる。南スラヴ族の一支族スクラヴィニ族は、政治的なまとまりはなかったが、多勢のためとても危険だった。ブルガール族（五一〇年代になるとスクラヴィニ族に降伏したが）や、プルート川とドニエプル川のあいだにあったアント族に訓練され、指揮されたため、ビザンツにとっては手ごわい相手となった。アント族はしばしばユスティニアヌスの軍隊に傭兵を提供したが、他方で、バルカンへは破壊的な侵入も行なっていた（五一七年、マケドニアとテッサリアに）。ブルガール族は、ハンガリー高原から押し返された西フン族と中央アジアから来たトルコ系の要素を融合し、ドナウ川の北部に定住した。そしてトラキア管区へ、四九三年、四九九年、五〇二年と略奪のためにたびたび攻め入っている。ドニエプル川を越えた黒海沿岸では、フン族のコトリグール王国が広がり、さらに東部では、同じくフン族のウティグール王国が成立していた。アヴァール族は、五六二年になって初めてドナウ川に現われるのである。

ユスティヌス帝治世のバルカンの情勢は十分すぎるほど穏やかだった。とくに、トラキア管区軍司令官ゲルマヌスが五二五年にアント族に大敗北を喫したあとは、数年の平和が保障された。ユスティニアヌス帝治世の前半は、幾分その情勢が揺れ動く。五二八年には、ブルガール族がメッシア第二属州やシタニア、そしてトラキアまでを急襲し、彼らは多大な戦利品を獲得した。それには二人の軍司令官の身柄も含まれていた（ユスティニアヌスはコンスタンティオロスを一万ソリドゥスで買い戻した）。五三〇年、その昔テオドリクス王の保護を受けていたゲピド族のムンドスが、帝国と同盟を結んでイリュリクム管区軍司令官に任命され、ブルガール族の部隊と戦った。またスラヴ族のキルブティウスも帝国と手を結び、トラキア管区軍司令官に任命される。彼はトラキアのブルガール族、スクラヴィニ族、そしてアント族を分裂させたが、五三三年、サローネの防衛にあたっていた際に戦死した。首都軍団司令長官のヨハネスは、五三五年、メッシア第二属州でブルガール族を倒し、ゴート族からシルミウムを奪還したが、シルミウムは五三六年に、今度はゲピド族により占領された（理論的には彼らは同盟部族だったのだが）。ゲピド族は、またダキア管区をも荒らしまわった。ユスティニアヌスは、帝国の同盟部族となっていたランゴバルト族をゲピド族に対して蜂起させようとしたが、無駄だった。ランゴバルト族は、少なくともそれを要請していた東ゴート族を援助するかたちになることを拒んだのである。

五四〇年ごろ、蛮族の侵入はより頻繁に行なわれるようになり、荒々しさを増していった。ブルガール族が大群でバルカン（トラキアとマケドニア）に押し入り、イリュリクム道で、要塞と城壁を備えた三二の町や地域（ハルキディキ半島のカッサンドラ、トラキアのケルソン）を略奪した。ブルガール人部隊の一部はヘレスポントを通過し、また別のある部隊はコンスタンティノープルを脅かした。そして彼らは一〇万以上の捕虜を引きつれ、再び移動した。彼らはギリシアを新たに襲撃した。無傷でいられたのは、ペロポネソスだけだった。というのも、コリント地峡が天然の城塞となって進軍できなかったからである。この襲撃のあとで、トラキアやイリュリクムに六二〇の砦が建設、もしくは再建されたが、この地域における情勢は、ビザンツにとって、もはや良くなることはなかった。五四四年、ブルガール族は再びイリュリクムに侵入した。そこから彼らは、イタリアで戦っていた兵士の妻子を連れかえり、これによりイタリアではビザンツ軍兵士の逃亡が頻発することとなった。これと同時期に、ユスティーアヌスはアント族に対し、同盟部族としてデルタとドニエプル川のあいだ、ドナウ川下流の左岸にビザンツの資金援助のもとに定住し、建国するように提案した。むろん、これはブルガール族の侵入を防ぐためである。アント族はこれを受け入れたが、これが実現されたかどうかは知られていない。

ブルガール族のあと、バルカンで勢力を拡大したのはスクラヴィニ族である。五四五年、イタリアへの遠征の途上、ナルセスはヘルリ族とともにトラキアのある遊牧民集団を殲滅した。五四八年、彼らの一部がデュラキウムにまで侵入し、彼らはいくつもの主要な場所を占領することができた。五五〇年初頭、これらの蛮族三〇〇〇人が、トラキア（ロドペとエウロペにいたる地域まで）、またイリュリクムに押し寄せ、そこで主要な土地を押さえた。同年夏には、スクラヴィニ族の多数の軍勢がダキアからナイッススまでを荒らしまわった。ゲルマヌスがこれら蛮族を撤退させる任務を受けたところ、アント族に対するゲルマヌスの勝利が蛮族の記憶に残っていたために、彼らはダルマティアへと引きあげていった。しかし、ゲルマヌスが没すると、彼らは再び東へ向けて出発した。帝国軍が一つ派遣されたが、これをハドリアノポリスで撃退すると、彼らはテオドシウスの長城にまで略奪地域を押し広げていった。そして、豊かな戦利品とともにドナウ川を渡り、引き返していった。

この間、ユスティニアヌスは、みずからの利益のためランゴバルト族を操ろうとしていた。五四六年、ユスティニアヌスはランゴバルト族を、パンノニアおよびノリクム南東部に定住する気にさせた。これは、テオデベルトゥスのフランク族に対して通路を塞ぐためであった。テオデベルトゥスは、アルプスのコッティニ族やヴェネト地方の一部、レティアやノリクム地方の一部を征服したのち、トッティラと友好条約を結んだばかりだった。ユスティニアヌスは、またランゴバルト族をゲピド族に対抗するようしむけた。ゲピド族はシルミウムを手にしながらビザンツとの同盟は破棄していたのである。五四九年、これによってランゴバルト族とゲピド族のあいだに戦争が起きた。ユスティニアヌスは、ランゴバルト族を支援するため、軍隊を派遣した（一万の騎兵隊と一五〇〇のヘルリ族）。ゲピド族と結んだ多くのヘルリ族戦士が殺害された戦闘ののち、平和が訪れた。この平和はランゴバルト族にイタリアへ帰還することを思いとどまらせた。逆に、ランゴバルト族から分派したイルディィギザルが率いる、ゲピド族とスクラヴィニ族からなる部隊が、ビザンツ帝国軍と闘うためにヴェネチアへ向かった。五五〇年三月、ランゴバルト＝ゲピド間に再度戦争が勃発したが、すぐに中断し、二年間の休戦協定が成立した。休戦期間中、ゲピド族の王はフン族のコトリグール人に助けを求めたが、コトリグール人の軍団（一万二〇〇〇）が到着したのは休戦協定の終わる前の五五一年のことだった。ゲピド族は、バルカンを荒らすのにその軍団を派遣してもいる。ユスティニアヌスはこのとき、ウティグール人の王を呼びつけ、ウティグール人の軍隊をコトリグール人の領土へ侵入させた。ウティグール軍は捕虜を連れ帰り、これによりコトリグール人はバルカンから帰還せざるをえなくなった。このような状況のなか、五五一年末、スクラヴィニ族がイリュリクムに再度侵入、ゲピド族の援助を受けながら同地方を略奪し、引き返していった。ユスティニアヌスはかくして、ゲピド族と同盟を結んだほうが得策だと判断したのであるが、数週間後、ゲピド族がドナウ川を渡るスクラヴィニ族を助けたという理由でこの考えを破棄することになる。ユスティニアヌス帝はランゴバルト族を支援するため、新たに軍団を派遣した。この軍団は、五五二年の五～六月に、ゲピド族と戦っている。

五五二年から五五八年にかけてについては、史料が黙して語らない。この沈黙は、確かに一定の平穏を反映している。しかし、平和だったというわけではなかった。というのも、これらの諸族はなお互いに戦争を続けていたからである。五五八年になると、新たな民族が登場する。トルコ族によって満州ないしモンゴルを追われ、コーカサス北部にたどり着いたアヴァール族である。その外交使節がコンスタンティノープルにやってきたとき、帝都では、この外交団のメンバーが中国風の三つ編みに髪を結っていたことが、評判になったにちがいない。彼らは、帝国との同盟と、ローマ帝国領内への居住許可をともに要請した。同盟申請はビザンツに受け入れられた。この同盟の最初の成果として、アヴァール族は帝国の敵であるフン族サビール人を攻撃した。

五五九年三月、ビザンツ側にとっては最も記憶に残る蛮族の侵入が始まった。ブルガール族とスクラヴィニ族を伴ったフン族コトリグール人の侵入である。この侵入は三つのグループから構成されていた。まず、一軍がギリシアまで攻め入ったが、そこで彼らはテルモピュライまで押し返された。別の一軍はトラキアのケルソンまで進んだが、強力な反撃に当面した。第三の一軍は、ザベルガネスに率いられて、帝都まで三〇キロメートルのところまで進軍した。その途上で彼らは、ビザンツ軍と交戦し、五五七年の地震以来一部が崩壊していた長壁近くでいくつかの部隊を撃破していた。ビザンツ側は、すでに引退していたベリサリオスを呼び出さざるをえなかった。彼はわずか三〇〇の部隊を率いて出陣したが、ザベルガネスの二〇〇〇〇の戦士たちは逃げ出してしまった。もっとも、彼らはその後も四か月にわたってトラキアを荒らしまわりつづけたのであった。八月、ビザンツ軍がドナウ川で艦隊を整えたとの報が流れると、ザベルガネスは故国へ帰れないのではという不安に駆られ、条約調印に同意した。その条約では次のように約定された。すなわち、過去の貢納の更新、捕虜の解放、ドナウ川の安全通行の保証、である。この条約が締結されると、ユスティニアヌスはぜひとも勝利者として帝都に帰還したいと考えた。そして八月十一日、凱旋の儀式で迎えられた。続いて、ユスティニアヌスは再度ウティグール人にコトリグール人を倒すようにけしかけた。しかし、この戦いは両民族の勢力を弱めさせることには成功したが、今度はアヴァール族の台頭を引き起こしてしまった。

実際、五六一年に、アヴァール族はコーカサスを離れ、ドナウ河岸にたどり着いている。彼らの族長（カガン）バヤン・ハーンは、ユスティニアヌスに対し、シタニアに定住したい旨を再度要求した。バヤン・ハーンは、ゲルマヌスの息子のユスティニアヌスと長期間交渉を行ない、最後には外交使節をコンスタンティノープルまで派遣した。交渉は、ユスティヌスが河川の防衛を組織しているあいだ引き延ばされた。けだし、ユスティヌスはアヴァール族のハーンが武力でもって河を通過すると理解していたのである。最終的には、同盟や平和は維持されたが、それ以上にことは発展しなかった。アヴァール族はトラキアで無益な襲撃を試み、ドナウ川下流域の北部に再度、定住すべく移動してきた。そこで彼らは、強大な王国を作りあげたのである。五六二年にブルガール族がトラキア管区を再び襲うが、それはおそらく、アヴァール族を避けるためであったのだろう。

ユスティニアヌス帝はその統治の終わりになっても、蛮族によって突きつけられた課題を解決することはまったくできなかった。蛮族の侵入は、確かにビザンツ側によってすべて押し返されてはいた。しかし、つねに蛮族は存在し、再び帝国内へ押し入るための機会をうかがっていた。そして可能であれば、帝国内部に居住した。事実、六世紀の最後の数十年間は、バルカン半島においてスラヴ人の定住が目立ち始めるのである。

Ⅲ　地中海南部諸王国との関係

ブレンミュエス〔ナイル川と紅海の中間地帯に居住していたハム系エチオピア人〕や、ノバデスなどエジプト南部の民族、そしてリビア南部にいたマズィク族などは、過去数世紀にわたって帝国内への略奪、襲撃を繰り返していた（マズィク族は五一三年にも帝国内に侵入している）。しかし、ユスティニアヌスの時代になると、彼らの活動はいくらか穏やかになったように見える。ユスティニアヌスが五三五年にフィラエの僧院を閉めたとき、彼らは抗議をしなかった。フィラエの僧院は、ディオクレティアヌス帝期以来、彼らが女神イシスを毎年定期的に崇敬してきたところである。他方で、ノバデス族がブレンミュエス族を紅海方面に向けて、砂漠のなかに押し返すということがあった。そして五三七年から五四五年にかけてのある時期に、テオドラから使節が派遣され、ノバデス族の王を改宗させている。

アクスーム（アビシニア）の王国は、四世紀に一度キリスト教化され、アナスタシウス帝のもとでも再度キリスト教化されて、帝国とは商業関係を維持していた（アドゥーリスの港を基地として）。商業条約はアクスーム王エッラ・アトシェーハ（エレスボアス）と締結されたが、彼によれば、アビシニア商人は、ビザンツ帝国が中国人から必要な絹を買い求めるうえでのオリエントにおける仲介者だった。しかし、この条約は効果がなかった。使節は少なくとも定期的に二国間で交換されていた。

ヒムヤル（イエメン）王国においては、五一九年頃、ドゥ＝ヌワスがアナスタシウス帝の保護のもと、王国を保持していたアビシニア人を追い出した。彼はユダヤ教徒であり、キリスト教徒を嫌い迫害していた。ナジランでのキリスト教徒の大殺戮のあとで、ユスティヌス帝は、アクスームの王エッラ・アトシェーハにドゥ＝ヌワスを攻撃するよう働きかけ、部隊を輸送するための艦隊まで提供した。五二五年、アビシニア人はイエメンを再征服し、スマイファ副王がその他を統治することになった。この副王は数年後、イエメンやその他中南部アラビアを支配していたアブラハに王冠を剝奪されたが、キリスト教徒であったこの副王は、帝国とは良好な関係を維持しつづけていた。また彼は、臣下であり、同時に帝国とも同盟を結んでいたアラブの公（イムルルカイス）とも良好な関係を築き続けている。紅海に近いこの地域におけるユスティニアヌスの外交政策は、それゆえ有効に機能し、帝国にとって有利な状況を維持するのに成功していたのである。

第六章　社会経済上の諸問題

ユスティニアヌス治世の経済・社会史は、多くの場合、古代末期史と同じく「衰退」や「デカダンス」といった文脈で語られてきた。人びとは、ディオクレティアヌスによって作り出された諸構造がもつ全体主義的性格を強調した。つまり、ますます強まる課税強制、ラティフンディウムの進展、奴隷制、コロナートゥス制、またクリアーレスやコロヌスをそれぞれの身分にとどめておこうとする諸皇帝による継続した努力、である。これらの抑圧的要素が、全体として、初期帝国において見られたよりも不平等な社会を生んだというのである。そしてそれらの要素が、社会の生産活動や躍進にとって災厄として作用したという。この図式は、おおいに修正されなければならない。こんにち、おおかたの意見はこの修正の方向で一致している。右の図式は、もっぱら文学史料が伝える不満の数々に依拠している。考古学上の発見、パピルス、諸史料の再検討の結果、この時期についてもっと微妙な、より積極的な解釈が引き出されるようになっている。とりわけ、次の点は強調しておかなければならない。すなわち、ユスティニアヌスが統治したオリエントは、西方の諸王国よりも、当時の状況はよかったということである。そしてまた、オリエントにおける状況は、地域によってたいへん異なっていたということだ。

I　社会政策なのか？

私たちは第一章で、ユスティニアヌス帝期の帝国が基本的に不平等な社会だったことを指摘した。すなわち、極端に豊かで特権を享受した少数の有力者と、大量の貧困者が存在したのである。この貧困者には、何ももたぬ無産者ばかりでなく、資産をもっていても栄誉を手にできぬ者たちが含まれる。これからして、ユスティニアヌス治世が差異を強調し、不公平を増長していた、と言えるだろうか？　皇帝は、社会構造を激変させようとしたわけではない。しかし、実際のところ、いくつかの側面を変えようという気はあった。それは、プロコピオスが『秘史』のなかで非難しているところである。この作品は、特権階層がユスティニアヌスに対してもった嫌悪感を表わしている作品である。社会政策について語ることは、アナクロニズムに見えるかもしれない。しかし、皇帝の立法と政策が、大半の場合、公正への配慮、いわば再分配への配慮を示しているというのも事実である。ユスティニアヌスの法のなかで繰返し確認される諸原則の一つは、何人《なんぴと》も他の者の犠牲のうえに豊かになってはならない、ということだ。さらにはまたユスティニアヌスの皇帝登位にあたって、ハギア・ソフィア聖堂助祭アガピトスによって執筆された『君主鑑』は、よき皇帝が貧困者に与えるべく富者に働きかけなければならない、と記している。フィラントロピア（善行）は、なお歴代皇帝にとって為すべき義務の一つとされ続けていた。そして、ユスティニアヌスが表明した言説や彼の証書から判断すると、彼はこの義務を誠実に受け止めていたのである。

こうして彼は、過度に莫大な富が形成されることを避けようとした。そして、過度に富裕になると考えられた者の遺産の一部は、躊躇なく接収しようとした。プロコピオスは、この図式を強烈に歪曲しようとしている。しかし、皇帝が、元老院身分や「繁栄していると評判の他の階層の者たち」の財産を奪った、とプロコピオスが糾弾するとき、われわれは彼の言を信用してよい。元老院身分の者は、固有の諸特権と、免税特権をなおも保持していた。しかし、ユスティニアヌスの側には、富裕者に課税したいという意思がたしかにあったのである。たとえば、小アジアのいくつかの属州で大土地所有者の横暴に対してとられた施策において、それを見ることができる。その大土地所有者らは、他人の財産、とくに市民身分の資産を自分の所領に組み入れようとしていた。官吏たちが召集され、重い罰則、つまり手足の切断刑を彼らに科すよう指示がなされた。そして、土地所有者の頭のうえで、この者たちが不法に我がものとした不動産の権利証書を破くよう命ぜられた。以上の措置を実施させたカッパドキアのヨハネスは、五四〇年から五四一年にこれら小アジアの諸属州を巡行した。このときヨハネスは、民衆から賞賛をもって迎えられたのだった。

第三章で、われわれは行政改革について言及した。そこで紹介した多くの措置のように、右で触れた諸施策にユスティニアヌスの公正への配慮が見られるとすれば、以下で述べる施策には、保護が行き届いていなかった社会階層への特別の配慮が示されていることになる。それは、子供や女性、奴隷、コロヌス農民の境遇を改善すべく講じられた措置である。

子供は、多くの新法によって恣意的行為から保護された。とくに、相続に関してそういえ、これについては、後段で私生児について言及する。父権の絶対性は衰退した。父親にはもはや、罪のある息子を、被害を受けた相手に引き渡す権利（加害者委附：Noxae datio）[1]はなく、親権を有する子供の財によって得られた富の用益権しかもたなかった。解放の手続きは簡便化され、養子縁組の手続きも簡単になった。五五八年の法は、若い少年を去勢することを、重罰をもって禁じている（『新法』第一四二）。

（1）加害者委附とは、不法行為によって責任を負うとされた家子を被害者に引き渡すこと。「権力保持者は家子の不法行為からは加害訴権によって責任を負う。彼はこれによって償金を支払うか、あるいは行為者の引渡しを行なうかの選択権をあたえられる」。「すべての罰金訴権は、もしその行為が権力服従者（奴隷または家子）によって行なわれている場合は、権力保持者に対して加害訴権（Noctiones, Noxales）として与えられる」（ガーイウス四・七五～七九）。ローマ法のもとでは、父親の権利は絶対であり、家長の権威は家族や財産管理において重要なものだった。父は子を売却する権利さえ有した。彼がそれを国外に売却する場合は、その子は奴隷になり、国境内で売却した場合は、子は公的生活に関する限り自由人であり、ローマ市民であり続けもしたが、法的身分に関する限り奴隷に類似した地位という特殊なものとなった。このような売却は、古典期になると「加害者委附」の場合にのみ生じるようになった。しかし四世紀になると、家子についての加害責任はほとんど適用されなくなり、ユスティニアヌスによって正式に除去されることとなった。（法学提要四・八・七）〔訳註〕

ユスティニアヌスの法は、女性の地位を向上させた。女性は、神の創造物として、妻として、母として尊重された。そして、男性と同等であると強調された。少なくとも宗教的領域、家族形成の領域ではそうだった。たしかに、ユスティニアヌスの法制のなかで、女性は、国家生活、司法領域、また家内権限に関する部分で、相変わらず多くの点で法的に無能力とされている。それは、女性保護をうたうもので、あるものは旧態依然として女性に有利なものではなかった。しかし、道徳を保護する目的でなされた数多くの措置は、結局のところ女性に好意的であった。それは、四世紀に始まっていた法制面の発展を引き継ぐものだった。ここでは、社会的側面と道徳的側面は、引き離されていない。われわれは、これら女性に好意的な措置が講じられたことに、テオドラの影響があったと考えることができる。彼女は「生来、不幸な女性に援助しようとしがち」(プロコピオス)だったのである。処女、既婚者、また寡婦を対象とする場合も、誘拐は厳格に抑止された。売春斡旋者は、卑劣な行為として指弾された。『新法』第十四(五三五年)は、彼らをコンスタンティノープルから追放し、女性たちが彼らに負っていた債務から彼女らを解放し、以後売春を強要する者、彼らを見て見ぬ振りをする者に対して罰則を用意した。他方、テオドラが一部の売春婦たちを買い戻し、宮殿内の一室を修道院に作り替えて、彼女たちをそこに収容したことが知られる。ある法令は、売春婦に、その仕事を辞めないと宣誓するよう強制することを禁じた。またある法令は、売春婦や以前に売春していた女性、また彼女たちの娘に、生涯にわたって重くのしかかっていた差別を撤廃した。姦通した女性は、もはや死刑に処せられなくなり、修道院に隠棲することが課せられた(しかし相手の男性には死刑がなお適用されることがあった)。さらに、夫は罪を負った妻に対して起訴を起こす必要がなくなった。これを許すことがありえたのである。最後に、夫は妻の姦通が認証される前に離婚してはならなくなった(法令上、夫の姦通は依然として妻の場合ほど問題にされていない)。妻の不誠実が一貫して離婚の正当な理由であったとはいえ、夫のそれもまた同様に離婚の理由になっていった。少なくとも、夫の不誠実が深刻な場合には十分な理由となった。女性の過ちの多くに厳格な評価が伴い、彼女たちの過誤による離婚が行なわれていたとはいえ、こうして、夫婦ともに誠実であることについて一定の進歩があったのである。男女間での扱いの違いは、これ以外にも見られる。結婚している女性助祭、また男性と同棲する女性助祭を対象とした罰則があったが、妻帯や女性と交渉をもった男性司祭、助祭、副助祭に対する罰則は、それよりも厳しくはなかったのだった。逆に、法によって考慮されたのは女性の利益だった。つまり法は、自由身分の女性と奴隷との関係を処罰する罰則の大半を廃止した。同様に、内縁の女性と私生児の地位も改善された。私生児は、以後、父親の財産の一部を相続できるようになった。内縁関係は、こうしてもはや事実上の単なる関係ではなかった。それは、内縁女性に有利な法的内実をもたらす関係となりえたのである。少なくとも、内縁女性が唯一人であるならばそうだった（なぜなら、男性が多くの内縁女性と関係をもっているならば――それは非難されるとはいえ、ありうることだった――彼女たちの権利は男性の意向に依るしかなかったからである）。

似たような発展は、寡婦暮らしや離婚、再婚に関わる諸法にも見られる。時期尚早に再婚した寡婦は、一貫して厳罰に処された（名誉刑、相続禁止）。しかしユスティニアヌスは、恩赦の可能性を準備している。正当な理由のない離婚は、五四八年以降、修道院に隠棲することを条件に、男性にも女性にも同じように認められた。最後に再婚の場合だが、夫婦の一方から他方へ移転された財産についての種々の制限が、男性にも女性にも同様に課されることとなった。もっとも、ユスティニアヌスは、一夫制を理想としていたので、女性が再婚することには不賛成だったのではあるが。逆に、本来の結婚に関わる法律のなかには不平等が見られる。つまり、女性に対しては、出身家族との関係によっていっそう制限された動機しか与えられていないのである。さらに、離婚に関わる法律においても不平等は見られる。というのも、離婚の正当な理由は、ますます厳格に規定されたからである。ユスティニアヌスは、女性の離婚には新たな措置、つまり両親の同意を付け加えたのだった。女性が男性と同等の意思決定を行なうことができたのは、結局のところ宗教生活に入るときだけであった。両親は、娘がこの生き方をすることを阻止できず、彼女から相続権を奪うこともできなかったのである。

他方、結婚生活そのものにあっては、妻は依存し従属した地位を囲っていた（母である場合は、この限りではなかったが）。もっとも、夫と同一視されることで、それまで得られなかったような社会的上昇を果たせる可能性を、結果としてもってはいた。ユスティニアヌスは、この社会的上昇に対する法的障害を取り除いた。そして、奴隷の結婚一般に対して好意的な、奴隷ないし解放奴隷とその主人——爵位がなんであろうと——との結婚について、好意的な措置を公布した（五三九年の『新法』第七八）。しかしまた、貴顕者に対しては、下層身分の女性と結婚してはならないとする禁令を廃止してもいる（五四二年の『新法』第一一七）。このような男女間の結びつきの有効性は、婚姻契約が国家のあずかり知らぬ局地的レベルで行なわれていたとしても、確認されたのだった。

これらの措置は、全体として女性の地位を向上させた。それは、奴隷に好意的な、より一般的な措置とまったく同じ方向で展開していた。奴隷の解放、それは推奨される行為と考えられていたが、容易に行なわれるように簡単化されている（自動的に行なわれる場合もあり、奴隷が聖職者に叙品されることすらあった）。主人が解放できる奴隷の数の制限も撤廃され、要求されていた三十歳という最低年齢制限も廃された。同じことは、半自由人（dediticii, Latini Juliani）の境遇にも言えることであった。措置により、解放奴隷はローマ市民になった。他方、解放奴隷と自由人の区別も撤廃された。もっとも、解放奴隷がかつての主人に対し敬意を払う義務を負っていたことは想起されねばならない。このほかにも、一時的ではあったが、奴隷に好意的な措置が見られた。主人に買春された奴隷は、その主人が死亡すると自由になった。これは、独身の主人の内縁者とその子供たちについても同じであった。病気になった奴隷を捨てた主人は、その奴隷が健康を取り戻しても、彼／彼女を取り戻すことはできない。もっとも、これらの措置およびその他の同様の事態の影響を、われわれは過大視しないようにしよう。すなわち、奴隷の数は減少傾向にあるとしても、奴隷制そのものは存続しているし、ユスティニアヌスは、奴隷に、その財産――相当の大きさになることもあった――を自由に処分する権利を与えなかったからである（奴隷、しばしば重要な経営機能を果たしていたのだった）。ユスティニアヌス法典は、奴隷制が一定の変化を遂げたことを示してはいるものの、その最も完成された法集成だったのである。

登録コロヌスに関していえば、ユスティニアヌスの諸法は、多くの関心に沿っている。その最も重要なものが、財政上、生産の規則性を確保しようという関心であったことは確かである。農村生活に結びつく諸活動はさまざまである。コロヌスたちは、そのうちの一つに代々緊縛させられていた。諸法が、コロヌスたちのかかる姿を再確認しているのは、このためである。つまり、コロヌスは土に依存している。コロヌスは、生まれたときから結びつけられているそれぞれの土地を耕作するようにし向けられている（『ユスティニアヌス法典』第十一巻第四八法二三節、『新法』第一六二第二章）。これによって彼らの境遇が半奴隷状態に変わることはなかった。彼らコロヌスには、基本的自由が拒絶されていたのである。つまり、父祖伝来の境遇から免れる道はなかったのである（それは他の社会カテゴリーについても言える）。しかし、ユスティニアヌスはまた、所有するコロヌスたちに対する主人の行き過ぎた行為を処罰してもいる。主人はコロヌスを追い出すことができなくなった。そしてコロヌスは、主人を法廷に訴追することができた。もし主人が過酷な税の徴集をしようものなら、民事法廷に訴えを起こすことすらできた（『ユスティニアヌス法典』第十一巻第四八法五〇節）。『新法』第一五七は、コロヌスの主人に対し、異なる所領に属するコロヌス間の結婚を解消したり、彼らから子供を引き離すことを禁じた。『新法』第一六二第二章は、登録コロヌスの男性と、自由身分の女性とのあいだの子供は、自由身分になると規定した。これは古来の慣習に反しており、主人が彼らコロヌスの財産を接収できなくなったということを意味した。コロヌスは、少なくともみずからの生活を養うに十分な土地片の所有者でない限り、なおも所領に留まってこれを耕作する必要があったのである。他方、ユスティニアヌスは、登録コロヌスが聖職者になることを認めている。借り受けている土地を耕作する限り、主人の許可がなくてもであった。主教に叙品されたコロヌスに限って、自由身分となった。もちろんこの場合、所領への緊縛からも解放された（『新法』第一二三第四章一七節）。

ついで、最も立場の弱い者を保護する諸法の存在を指摘することができる。その多くは、利払い付き貸し付けに関するものである。貸し付けの最高利率が固定され、返済の仕方が明確にされている。最も多く見られるのは、債権者から債務者を保護するための措置だった。私的な牢獄を設定することを禁止したのも、同じ趣旨に沿うものだった（『ユスティニアヌス法典』第九巻第五法二節）。この他の諸措置では、最貧困者向けに裁判が無料とされ、彼らが裁判を受けられるようにされている。

経済的貧困者と社会的貧困者、最下層の者たちの境遇は、こうしてユスティニアヌス帝期に悪化することはなかった。たしかに、貧困者の地位は依然として困難なものだったし、ポテンテス（上層民）とフミリオーレス（下層民）のあいだには、裁判時の待遇につねに格差があった。とりわけ、身体刑、拷問刑、禁固刑、切断刑が適用されたのは、後者に対してであった（この点については五五六年に若干の緩和がなされたが、とはいえこれらの刑は存続した）。しかし少なくとも、貧困者の地位は、キリスト教化のおかげで認知され、その境遇はさまざまな慈善活動によって改善された。他方、ユスティニアヌス治世、高い社会的流動性が持続的に見られたことが確認される。すなわち、帝国行政や軍隊は、現実に社会的上昇を遂げるチャンスを提供していた。富裕化のチャンスを伴い、多くの義務から解放されるキャリアの道が開けていたのである。クリアーレス（都市参事会員）層の社会的上昇がその事例となろう。クリアーレスたちは、無償の職務を行なっていた。すでにユスティニアヌス帝期以前にあって、多くの法が、彼らがその地位を離れ、実入りのある国家官職に入っていこうとするのを断罪しようとしていた。しかし、それは明らかに効果がなかった。ユスティニアヌス自身も、この逸脱行為を抑えようとした。しかし、旧来の法以上に成功することはなかった。クリアーレス層に近い者たちが著わした史料には数々の不満が伝えられている。もっとも、多くのクリアーレス層の保有する富をもってすれば、クリアーレス身分に結びつけられていた責務を果たすことは可能であったのではあるが。

当時の立法が、道徳性への配慮をもって、多くの場合において多様な社会集団の境遇の改善に役立ったとするなら、この同じ配慮はまた、逸脱していると判断される諸行為を抑圧することにも作用した。つまり、とりわけ同性愛者であるが、悔悛し、その行為をやめないならば、彼らは、死刑をもって処されるとされたのである(『新法』第一四一)。プロコピオスの記述を信じるなら、同じく占星術者も同性愛者と同じ処遇を受ける対象だった。

II 経済政策

経済政策は、長期にわたる政策ではないが、一つの施策だった。国家は、国家そのものの必要を満たし、人民の需要を満たすために活発に活動した。われわれはまずもって、この時期が、賃金と価格の全般的安定によって特徴づけられることを想起しておこう。とはいえ、通貨操作はあまり行なわれなかった。五三八年に軽量ソリドゥスが導入されたが(この措置の目的と諸相は明らかにならない)、一ソリドゥス金貨の重量(四・四八グラム)は変わらなかった。また、金とブロンズ貨の関係もほとんど一定だった。たしかに、五四二年以後、ソリドゥス貨は、フォリス(複数名フォレス)という名のもとに表面価値を減じることとなる(それは二一〇フォレスに相当していたが、もはや一八〇フォレスの価値しかもたなかった。これは、下層民の購買力を強化することとなる。ペスト後に、彼ら下層民に有利になるよう講じられた措置であったと考えることができる)。しかし、その措置も一時的なものに過ぎなかった。五五〇年から五六五年にかけて、ソリドゥスは再び三六〇フォレスの価値をもったのである。アナスタシウス治世と同様に、このときもフォリス貨の重量は減少した。実際、このようなフォリス貨重量の変化は重要であるが、われわれの関心からは落ちる。貨幣流通が比較的制限されていたことも付け加えよう。貨幣流通が都市生活のさまざまな交換にとって必要不可欠だとしても、大規模な交易が貨幣使用なしで、あるいは商品の物々交換で行なわれたのである。諸税は、部分的に貨幣で支払われているが、ある部分は種々の生産物や業務奉仕のかたちで納付されていた。国家もまた、まったく同じ方法で支出をまかなっていた。

1 富の生産

農業——古典古代の全時期を通じて、またその後もそうだったように、ユスティニアヌスの帝国の経済もまた基本的に農業経済であり、富の源泉は農業に由来していた。この経済は、まったく伝統的なままだった。それは、技術的進歩が皆無で、生産性の向上が見られなかったということである。この経済は、当然ながら気象条件に左右された。またこの時期には、帝国全土を襲ったわけではなかったが、乾燥、洪水、つまりは種々の自然災害が、実にしばしば起こってもいた。他方、蛮族の侵入によって、農民の一時的逃亡が引き起こされていた。農民は、近隣の都市の城壁内に逃げ込み、彼らが耕作していた田畑は打ち捨てられた。これらの理由によって、いくつかの地方では、ユスティニアヌス治世を通じて不作の年が何度も起こっていた。五五四年のエジプトがそうである。パレスチナのサマリア人のような反乱が起こり、シリアへのコスローの侵略、イリュリクムへのさまざまな蛮族の侵入があった。それらにより一時的な損害が生じた。しかし、多くの地方で（パレスチナ、エジプト、また再征服後の北アフリカ）遠征が全体として盛んに行なわれ続けたので、農民たちが悲惨な状況に置かれることはなかった。

商業――ローカルな商取引は、帝国経済のなかにあって大事な地位を有していた。なぜなら、エジプトの小麦によって食糧を得ていた都市以外では、各地域とも独自の生産を欠いていたからである。こうして各都市とも、農民と都市民がそれぞれの生産物を交換する市場をもっていた。この市場は、贅沢品を購入できない住民の大半が参加できる唯一のものだった。というのも、大半の人びとにとって、通常期、というのは収穫が不作でないときということだが、パンを買うことは、五～六人からなる一家族の所得の半分を費消させることになるからだった。定期市はより重要なもので、年に一度ないし二度開かれた。これには、宗教儀礼を祝う集会（panegyria）が伴った。定期市は、遠方からやってくる商人たちを引きつけた。トゥールのグレゴリウスの証言を信じるなら、四世紀、エデッサの聖トマスの定期市は、三〇日間にわたって開催され、西欧世界にまで知られていたという。

高級品の交易もあった。都市収入の最も大きな部分は、手工業からよりも、まさにこの高級品交易から得られていた。この商取引では、価値の低い生産物、つまり日用生活品は扱われない。それらは、移動させるのに法外な費用がかかるために、中長距離の輸送ができないのである。高級品取引では、贅沢な生産物、商品が扱われた。つまり、スズ、大理石、宝石、貴金属、陶磁器、絹、高級織物、香辛料（胡椒、シナモン、クローブなど)、パピルス、極上ワイン(パレスチナやエーゲ海産のもの)である。大理石も、またユスティニアヌス時代には重要な取引対象となっていた。その発注者は、皇帝その人であり、主教であり、富裕な善行者たちであった。彼らは、みずから設立した多くの建物のためにそれを用いたのだった。かくしてそれは、基本的に海の交易であった。大きな会社によってではなく、小さな個人企業によって担われていたが、この輸送の担い手たちはしばしば同職組合に編成され、緊密な関係にあることが多かった。いくつかの例外を除いて、商人たちが大資本を動かすことはない。大半の商人は、借りているのでもない限り、船を一艘所有するだけで、資本も限られていた。

インドにまで物資を調達しに赴くこともあったこの高級品交易は、地中海周辺の全地域に広がっていた。また、しばしば地中海を離れて展開してもいた。もっともそれは、めったにいない特権的なお客、宮廷メンバーや高官、大土地所有者、蛮族の大公たちしか相手にしなかった。交換は、黒海より北のステップ地帯の民とのあいだでも行なわれていた。種々の織物や装飾品、ワインが輸出され、皮革また奴隷と交換されていたのである。ラジカの保護をめぐるペルシア人とビザンツ人のあいだの紛争は、明らかに商取引に関わって惹起されていた。

絹の取引は、特殊な問題をはらんでいた。ビザンツ商人たちは、ペルシア商人たちと唯一取引する権利を有した商務長官(comes commerces)から生糸を購入しなければならなかった。そして、ペルシア商人たちは、インドで中国商人たちから商品を買い付けていた。ユスティニアヌスは、中国との関係を構築すべく努力した。それは、ペルシアを仲介せずに、クリミア半島とコーカサスの北を通る道か——このルートは困難で危険だった――インド洋の海上ルートを紅海経由で利用することだった。後者はアクスームの王との良好な関係によって安全な経路だった。五三〇年頃、アクスームの王とのあいだで協定が結ばれた。それは、アクスームの商人たちにキーランでの絹の購入を委託し、それをビザンツ人に転売させる取り決めだった。しかしこの試みは失敗する。ペルシア商人たちが、ライバルより先に大量に中国製の絹を買うことに成功したからだった。こうして、ペルシアの仲介者を利用し続けるしかなかった。事態は、治世最後の一〇年間に独自の絹生産が行なえる養蚕をビザンツ人が学び取ったのちになっても同じだった。

産業――この時期、手工業品の大半は、地元の顧客のために職人によって制作されていた。多少とも重要な手工業は、いくつかの商品についてしか存在しなかった。亜麻や木綿の織物、またパピルスの生産である。パピルスの供給元としては、エジプトが最も重要だった。これは、絹の生糸についてもそうだった。絹は、エジプトの国家工房（宮廷、政府用の生産に従事していた）や、フェニキアの民間工房で加工されていた。ところが後者は、ユスティニアヌスが五三二年以後に執った処置によって被害をこうむった。すなわち、商人がペルシア商人から一五ソリドゥスで生地を買うようにされているなかで、加工品を一リトゥラ（約三二六グラム）あたり八ソリドゥス以上で売却することが禁じられたことによってである。かくして民間工房は衰退した。それは、ペトロス・バルシュメスが五四五年に再び多くの工房を開設させるまで続いた。もっともペトロスは、それらの工房を、絹の専売権を留保していた国家の代理として経営していた。絹の生産は、蚕の飼育が帝国に導入されたときに発展し始める。それは、ビザンツ帝国の最も重要な収入源の一つとなるのであった。

2　税金

当時は富んでいたからだが、最大の税収入源となっていたのは農業であり、田畑であり、農村人口である。彼らは依然として、ディオクレティアヌスが整備したシステムを使用していた。つまり、カピタティオ＝ユガティオ制（capitatio-jugatio）である。これは、土地の生産性に応じて土地区画（jugum）に課税するとともに、土地区画に結びつけられる労働力（人と家畜（capita））にも課税するものだった（ただしユスティニアヌスは、税の最終的な収益を減少させることはなかったが、いくつかの属州でカピタティオを廃止した）。課税率は、一定期間、つまり財政年度が一巡する一五年間については固定されていた〔二八四年以来、インディクティオと呼ばれる一五年周期の紀年法が採られていた〕。課税は現物で収取されることもありえたが、国家が定める固定率で、現金払いにされることが多かった。これをアデラティオ〔金納化〕という。アナスタシウス帝期より、現物での税徴収は軍団の維持に必要な物品についてのみとされていた。当然、エジプトで集められるアンノナとしての小麦はこれに該当した。しかし国家は、必要に応じて（実にしばしば軍事命令であったが）、農民に対して国家が定める価格で売却を強制することができた。これは、コエムプティオ（coemptio）、シュノネー（synone）といった。プロコピオスは、カッパドキアのヨハネスとペトロス・バルシュメスを、これらの措置を悪用し、大量の食料品を一定の低価格で買ったとして非難している。ヨハネスとペトロスは、これらの措置の対象となった土地所有者らに、彼ら自身で食料品を長距離にわたり移送するよう要請してもいた。他方、臨時の必要に応じて課す追加的賦課、デスクリプティオあるいはディアグラフェスが、ますます頻繁に行なわれるようになった。少なくともエジプトでは、通常税と同じくらい頻発するまでになった。

諸税の引き受けについていえば、財政ユニットは村落であり、村落が連帯責任で納税の義務を負った。課税はこうして、土地所有者が打ち捨てたあと耕作されていなかった村落地に対してもかけられることがあった（エピボレーないしアドイエクティオ・ステリリウム（adiectio sterilium）という）。農村地域の人口減少に歯止めをかけることをめざすこの旧来の措置は、五四二年のペスト流行後まもなくのときに、ユスティニアヌスによって再導入された（『新法』第一二三第十七章）。また、五四五年発布の『新法』一二八は、その実施を調整しようとし、同時に、税の引き受け手が遵守すべき諸原則を確立ないし再定立しようとしている。道管区長官は、毎年、納税額の安定的確保に努めなければならず、各属州ごとに、現金でいくら、現物でどれほど、と分担額を特定しなければならなかった。そして、どれほどを属州に戻し、どれほどを道管区に送る必要があるかを定めた。法令は、受領証に記されるべき数字、諸税の徴収担当官吏が職務遂行に成功しなかった際に執るべき措置などについて規定している。すでに述べたように、諸税納入を確保したい配慮から、国家は、登録コロヌスが移動する自由を制限する法令を、繰り返し発布することとなった。すなわちユスティニアヌスは、コロヌスたちが耕作地――つまり財政上の原籍地――から離れることを禁ずる措置をパレスチナにまで広げたのだった（『ユスティニアヌス法典』第十一巻第五一法一節）。

土地所有者でなかった都市住民たちは、カピタティオ＝ユガティオ制の対象とはなっていない。とはいえ、彼らもまたいずれにせよ農民同様に、種々の賦役義務（ムネラ）に服していたといえる。それには、軍団の宿営引き受け義務が含まれた。五四五年の新法では、この引き受け義務をめぐって行なわれた濫用が告発されている。この新法は、ひとは軍団の主要な居住空間を所有者に明け渡さなければならない、と規定した。他方、カッパドキアのヨハネスによって「空中税」という新税が案出された。この税は、建築に関わる規定と関連していた。つまり、家屋間に何もない空間を求め、違反したら罰金を支払わせるというものだった。プロコピオスの記事を信じるなら、この新税のために、年間、罰金が二一万六〇〇〇ソリドゥスにも及んだという。商取引にも諸税があった。それには、税関の賦課も含まれた。つまり、国家や各都市が商取引に課税したのである。国家が収受する関税は、アレクサンドリアについてのものがユスティヌスによって引きあげられていた。ユスティニアヌスは、五二八年以降、コンスタンティノープルの商取引についても同様に関税を引きあげた。アビュドスとヒエロンの海上警察基地を税関にし、これが管轄する税についても増額を実施した。首都の港に入港するのに徴収する税についても増税した。プロコピオスは、ユスティニアヌスが商人に新税を課したことが、物価の上昇を引き起こすことになったと批判する。しかしおそらく、この物価の上昇は一時的なものに過ぎなかった。

M・ヘンディ[1]は、税収が全体で四〇〇万ソリドゥスを少し越えるほどだったと見積もっている。おそらく過大評価ではあるが、その評価によれば、ユスティニアヌス帝期、税収は土地から上がる総生産の四分の一から三分の一に及んでいた。課税の過酷さを非難する史料は多い。しかし、エジプトから出土した財政関連のパピルス史料は、それらの史料文言が必ずしも根拠あるものだったとは思わせない。重かったのは、課税そのものというより、それを収受する人間の退廃だったのである。つまり、徴税業務に関わる人間（徴税官：exactores）や、報酬なしで税の徴収をした者である。後者は、大土地所有者で、国庫を富ませることには不満をもっていたが、職務からは莫大な利得を得ていた。加えて、税の徴収はしばしば冷酷で、身体刑（鞭打ち）や投獄が伴っていた。ときには、奴隷のように子供の身売りすら起こる始末だった。カッパドキアのヨハネスは、長官在職中、徴税法が過酷なことで有名だった。それは下僚も同様で、アシア管区の副官だったヨハネス・マクシロプリュマキオス、ロゴテテースないしディスクソルで「はさみ」と綽名されたアレクサンドロスなどである。（ディスクソルとは、皇帝によって各属州に特別に派遣され、各都市の財政を監査した役人である）。しかし、徴税機構は、いささかあまりに巨大で、必ずしもつねに効率的だったわけではない。他にも理由はあるが、未払い税の減免が定期的に行なわれたのはこのためである。五四四年、ユスティニアヌスは、五二二年九月から五四四年八月までの時期について、この措置をとった。これは、五二二年以前においても同様の処置が執られたことを示唆している。修道院長サバスは、サマリア人の蜂起後、パレスチナ第一属州について、五三〇〜五三一年と五三一〜五三二年分について税の減免を認めさせた。また、アンティオキアでは、五二八年の地震ののち、三年の減税措置が、そして五四〇年にコスローによって攻撃されたシリアの諸都市には、一年の減税措置が執られている。

（1）M・H・ヘンディ『ビザンツ貨幣経済研究』ケンブリッジ、一九八五年。

3　国家経費

官吏の給与と扶持、軍隊の経費

ヘンディは、コンスタンティノープルの中央行政機構の給与を七二万ソリドゥス、オリエンス道管区の属州行政機構のそれを二二万四八〇〇ソリドゥスと見積もった。この予算水準は重要で、それは税収の四分の一に近い。

軍隊の経費は、歴代皇帝のいつも第一の関心事だった。ユスティニアヌス帝期、それは官吏の給与と同様に、税収の四分の一に見積もられる。軍人への給与は、毎年六六万五〇〇〇ソリドゥスだった。これにその他の経費――各種支給品、兵器、派兵経費――があり、全体としては、九九万七五〇〇ソリドゥスとなる。もっとも、現実はこの理論上の予算をしばしば超過した。ユスティニアヌスの治世には、多くの戦争が行なわれたからである。兵士への給与支払いの遅れが恒常化し、司令官たちが補助金を要求していることがこれを物語っている。この観点からすると、ペルシアから買収した休戦は、戦争行為を繰り返すよりははるかに経済的だった。五三二年の永久平和協定が最も高く付き、これは一一〇〇〇リトゥラ、つまり七九万二〇〇〇ソリドゥスで買われたものだった（しかし、これは滞って二〇年払いになった）。五四五年に締結された五年の休戦協定では一四万四〇〇〇ソリドゥス、五五一年に締結された六年の休戦協定では一八万七二〇〇ソリドゥス、五六一年に締結された三〇年間の休戦協定では毎年三万ソリドゥスが求められた。これに、同盟する蛮族への助成金が加わった。ヘルリ族、ゲピド族、モール人、コトリグール人、ウティグール人、アヴァール族が、定期的な援助金と不定期な贈物を受け取った。アラブ人のムンディールまでが、ペルシアの臣下だったにもかかわらず、その死にいたるまで毎年七二〇〇ソリドゥスの年金を受けていたのである！　他方、再征服戦争は、ヴァンダル王の財宝、ついで東ゴート王の財宝を接収したときを除いては、国庫にほとんど何ももたらさなかった。征服が達成されると、アフリカ、イタリア、イリュリクムからもたらされる収入は蛮族に貪られて、年間一〇〇万ソリドゥスを超えることはなかった。これでは、軍隊や官吏、これら地方の要塞を維持することはほとんどできなかったはずである。

首都と大都市の食糧補給――帝国の大都市は、社会生活上の特権的場所ではあったが、産業生産によって富を生み出す中心ではなかった。また、売買で利得を得られるほどの商業の中心地でもなかった。そこは、政治の中心であり、ほとんど皇帝の恣意によって維持されていた場所だった。したがって、これら都市への食糧供給は、きわめて重要な問題だった。(1)それは、国家によって担われた。なぜなら、私的な商業流通では十分ではなかったからだという。コンスタンティノープル、アレクサンドリア、アンティオキア、またその他の多くの都市では、市民へのパンの無償配給があり、一定の公定価格での販売が行なわれていた。国家によって定められたパンの価格は、都市での需要を満たすために、状況に応じて変わったが、つねに国家によって固定されていた。この食糧供給は、都市行政によって行なわれることもあった。しかしそれも、国家によって部分的に財政補助がされていた。それは、国家予算に吸いあげられたアンノナ〔現物納付税〕の一部を、都市に戻していたということである。

（1）ジャン・デュリア『古代都市からビザンツ都市へ：生活物資の問題』（ローマ、一九九〇年）参照。

ユスティニアヌスの治世は、この点からすると、まったく衰えてはいない。むしろ逆に、アンノナの最盛期であった。『勅法』第十三は、エジプトが八〇〇万アルタープ（約一六〇万キンタル＝一六万トン）の小麦を首都に供給したことを語っている。これは、八〇万ソリドゥスに相当する量だった。国家は、このほかに、輸送のために八万ソリドゥスを船乗りたちに支払った。ユスティニアヌスは、このほかにもテネドス〔ダーダネルス海峡入口近くにあるエーゲ海の島〕に巨大な穀物倉を建設している。ここは、アンノナを積んだ大きな船が、容易に接岸し、積み荷を降ろすことができるもので、このおかげで、苦労しながらヘレスポントスの海峡をあがる必要がなくなった。アンノナに対し、必要な資源を恒常的に提供しようという配慮が、一貫して皇帝にあったのは明らかである。これは、首都の平静を保全し、政治的安定を確保するための保証だったのである（おそらくニカの乱によって刺激されたのであろう）。ユスティニアヌスは、この施策に成功したように思われる。プロコピオスは、この点に関し、五五〇年になるまで深刻な落ち度があったとは書いていない。五五〇年は飢饉の年であって、バルシュメスが、ビティニアとトラキアの農民に迫られて、販売を行なわせた、と記される年である。このときプロコピオスは、一時的な欠乏を和らげるために処置が講じられたことを伝えている。また、プロコピオスは、パン生地に灰を混ぜさせたとして皇帝を批判するが（その意味はおそらく別途考える必要があろう）、そこでプロコピオスが語っているのは、到着した量が不足していた小麦の埋め合わせをしなければという配慮があったことである。アレクサンドリアでも、ディオクレティアヌス帝以来、無償配給が行なわれていた。統括官へファイストスは、五四六年、反乱が起こったのちに、おそらく一時的にだが、これを廃止した。しかしこれは、公定価格での販売をやめさせたことを意味してはいない。それは、都市の存続にとって必要なことだった。治世後半に起きた数々の自然災害が、たびたび生産の低下を引き起こしたということはある（テオファネスは、パンの欠乏によって起こった五五六年五月の暴動について記している）。しかし、全体として、諸都市の食糧供給はよく確保されていたと考えられる。

建設活動――プロコピオスは、まる一冊の著作を、ユスティニアヌスによって建設された建物、また修復された建築物の叙述にあてている。この建設活動は、皇帝のフィラントロピア（善行）のもう一つの表現形態だったが、権力の恣意によるものでもあった。ハギア・ソフィア聖堂は、古い家柄の貴族ユリア・アニキアによって建てられた聖ポリエウクトゥス聖堂を凌ぐものとして建てられた。重要な建設活動であっても、個人によって財政的に支えられていたのである。ハギア・ソフィア聖堂は、帝国の富の象徴でもあった。建設期間中の経費の総額は相当なものになったはずだからである。

これら建設活動は、まずもって教会聖堂に向かった。そして、なによりも最も重要な聖堂、ビザンツ人の高邁さを示してやまないハギア・ソフィア聖堂の再建が行なわれた。四世紀に建てられたこの名称の聖堂は、ニカの乱の際に焼け落ちていた。再建事業は、事件後ほとんど四〇日も経たぬうちに始められた。それは、まったく新しいプランによったが、これは反乱前にすでに練られていた可能性が高い。

建築家は、トラレルのアンテミオスとミレトスのイシドロスだった。新しい第一の点は、直径三三メートルの中央の丸天井だった。そして、アーチ状の、第二の丸天井を成す柱群が、この中央丸天井を支えていた。他方、内陣の装飾は贅を凝らしていた。ランプ、燭台、そして色とりどりの大理石、モザイクがふんだんに使われた。総経費については知られていない。しかし、五三二年に、道管区長官がこれに四〇〇〇リトゥラを支出しており、聖所の銀器は二〇〇〇リトゥラ以上の価値があるとされた。献堂式は、五三七年十二月二十七日に執り行なわれた。二〇年後の五五八年五月に、中央の丸天井は崩壊することになる。しかしそれも、まもなく息子のイシドロスによって再建され、高さも六メートル高くされた。新たな献堂式は、五六二年十二月二十四日に執り行なわれた。

コンスタンティノープルでは、他の多くの教会もユスティニアヌスに帰せらせる。彼が、まだユスティヌスの副帝だった頃に建設し、あるいは再建した教会堂は八つだった。それには、ブラケルナエの聖マリア、また聖ペトロと聖パウロの聖堂が含まれた。ニカの反乱のときに焼け落ちた聖イレーネ聖堂もやはり再建されたが、これは、五六二年、再び火災で焼け落ちてしまった。コンスタンティヌス帝の創建になる聖使徒教会は、新しいプランで再建された。聖セルギオスと聖バッコスの聖堂（これはいまでも現存する）は、五二七年から五三六年のあいだに建てられた。プロコピオスは、このほかにもユスティニアヌスによって建設され、また再建された聖堂について言及している。泉の聖マリア、聖アンナ、聖ミカエル（二つのミカエルがあり、一つはアナプルースにあって「ことのほか美しかった」）。さらには、大半が東方の殉教者に献堂された数多くの殉教者廟があった（アガトニコス、アカキオス、アンティモス、コーメス、ダミアノス、ヘスペロス、ゾーエ、イア、イレーネ——前述の聖イレーネとは別の聖堂である——、ラウレンティオス、パンタレイモン、プラトーン、プリスコス、ニコラス、テクラ、テオドロス、テオドタ、ティルソス、トリフォンなどである。マララスの年代記によれば、聖テオドラの聖所もあった）。

帝国内のそのほかの聖所もまた、同様にユスティニアヌスの事績であった。あるものは直接建設を命じ、またあるものについては財政援助を与えた。そのなかには、きわめて重要なものが含まれている。たとえば、エルサレム最大の教会である聖マリア新聖堂。エフェソスでは、丸天井に巨大なバシリカの聖ヨハネ聖堂。シナイ山のふもとでは、のちに聖カテリーナの名で呼ばれることになる大規模な修道院にして要塞の内部、聖母（テオトコス）に献堂された聖堂である。また、プロコピオスでは言及されないものの、コンスタンティヌス創建によるベツレヘムの聖生誕バシリカ聖堂の改修も、ユスティニアヌスの事績である。ラヴェンナのサン・ヴィターレは、五三二年にこの町の主教によって建設が始められ、五四七年に献堂されたもので、ユスティニアヌスの財政支援を受けてはいない。ラヴェンナの一提供者による建設だった。

数々の救貧院、修道院、宮殿、浴場施設、水道施設もまた、ユスティニアヌスの建設熱に帰される。コンスタンティノープル、エルサレム、またその他の場所で各施設が設定された。彼はまた、自然災害や戦争の被害に遭った諸都市の再建にも同様に熱心だった。すでにユスティヌス治世に、デュラキウム、コリント、アナザルベスが、地震のあとに国庫によって再建された。同じくエデッサも、洪水があって壊滅的状態になったが、復興されている。自身の治世になってからもこの状況は変わらなかった。アンティオキアは、幾度となく皇帝の配慮に浴した。まず最初は、五二六年のひどい地震のあとで、このときには四〇〇〇リトゥラを受け取った。ついで、五四〇年にコスローの略奪で町が灰燼に帰されたあとだった。ユスティニアヌスは、教会、柱廊、広場、浴場、劇場をアンティオキアに再建させた。アパメアや、シリアのラオディケイア、ポンペイオポリス、ミュラ、アマセア、その他の諸都市も同じくユスティニアヌスの支援を受けて再建された。彼はまた、生まれ故郷の村に新しく都市を建設した。ユスティニアナ・プリマである。中央広場、柱廊つき街路、数多くの教会堂がしつらえられた。

建設活動におけるユスティニアヌスの事績の特徴の一つは、城塞化、ないし城塞に向けられた配慮だった。ペルシアとの国境線に沿って、ダラ、セルギオポリス、マルティロポリス、テオドシオポリス、その他多くの都市が堅固な城塞として改修された。ドナウ川沿い、トラキアとイリュリクムでも、多くの都市が城塞化された（トミス、サルディカ、ナイススなど）。また、数多くの場所が要塞化された（プロコピオスによればその数六〇〇。テルモフュレス、コリント地峡もこれに含まれる）。北アフリカでは、再征服後、数十の要塞が再建された。この戦略は新しいものではなく、アナスタシウスがすでに着手していた。しかし、これは効果が上がっていなかった。ユスティニアヌスは、要塞化の事業にも熱心だったということである。

第七章　宗教政策

I　キリスト教帝国

ユスティニアヌスが権力の座に就いたとき、キリスト教はすでに一世紀以上にわたって帝国の公式宗教だった（国教化は、三九二年にテオドシウスが異教の祭儀を行なう自由を禁じたことによる）。異教徒も、異教的風習も、いまだはっきりと残っていたのではあるが、帝国住民の大半は洗礼を受けていた。他方で、キリスト教は、コンスタンティヌス帝期以来、帝国のイデオロギーに浸透していた。これは四世紀、カイサリアのエウセビオスによって、史上初のキリスト教皇帝による三〇年間の治世について述べた文章のなかで定式化された。すなわち、神からその権力を受け取った皇帝が、最高神に倣って支配を行なうキリストのロゴスに似せて統治を行なうのである。その王国は、神とキリストの王国になぞらえられた。ユスティニアヌスは、このイデオロギーに従った。「神聖なる宗教のうえにその権力を打ち立てる皇帝は、我らが主の恩恵によって統治を行なう」（五二〇年の書簡）。前述のように、この事実によってキリスト教会は特権的地位をもった。つまり、聖職者は数が増え、影響力をもち、実に多くの建物ができた。教会は、社会・文化生活で強力な存在となった。この事実からまた、皇帝の義務は、キリスト教を広めること、教会組織とその内なる結びつきに配慮すること、となったのである。

1　キリスト教化の完成

異教徒への改宗布教団派遣——この政策を遂行したのはユスティニアヌスだったはずである。おそらくその示唆によって、ユスティヌスは、帝国外にキリスト教の信仰を広め、維持することに配慮した。これは加えて、ユスティヌスのもとに同盟者を確保しようとするものだった。フン族サビール人のもとに派遣された福音伝道布教団、五二二年のラジカ族の王ツァトゥのコンスタンティノープル受入についてはすでに触れた。ユスティヌスは、ツァトゥに洗礼を受けさせ、戴冠させ、これによって、ラジカ族とペルシアとのあいだで五〇五年に結ばれた平和条約は断絶され、五二四年以降の敵対関係が生まれたのだった。まったく同じ文脈で、ユスティヌスは、非キリスト教徒と抗争するキリスト教徒の支配者たちを支援した。すなわち、ペルシア王に対して反乱を起こしたグルジアの王グルゲノス（この者の領内でキリスト教の儀礼を自由に行なうことをペルシア王が妨害しようとした）。また、アクスームの王エレスボアスである。後者は、単性論者ではあったが、イエメン王ドゥ＝ヌワス〔ユダヤ教徒、一二五頁参照〕に対して、ナジランで殉教した者たちの報復のため、戦いを始めたのだった。この事件は、結果として、イエメンにおいてキリスト教が支配的宗教となる端緒となった。

自身の治世になっても、ユスティニアヌスは一貫して帝国外諸族が改宗することを好んだ。五二八年には、ドナウ川流域に定着したヘルリ族の王の代父をつとめた。それと並行して、ヘルリ族の全員が改宗した。彼はまた、ケルソン地方のフン族の王グロドの代父にもなった。しかしこのグロドの場合は、その領内で臣下によって殺されている。ユスティニアヌスは、アブハジア族、パルス・メオティド河畔のゴート族に主教を派遣し、ノバデス族のもとに布教団を送った。他方、ユスティニアヌスは、異教地区として残っていた帝国内の諸地方に宣教師を送り込むことにも配慮した。五四二年頃、アミダ出身の修道士であったエフェソスのヨハネスが、最後の異教徒たちの改宗を行なわせるべく、アシア、カリア、フリギア、リディアの諸属州を経巡った。ヨハネスは、みずから七万人以上に対して洗礼を施したと記している。

異教徒に対する抑圧策――これらの使節派遣活動は、異教徒に対するユスティニアヌスの政策の一環にすぎない。もう一つの政策は抑圧であった。キリスト教徒皇帝は、キリスト教の信仰を広める義務を負っただけではなかった。彼はまたそれを強制しなければならなかったのである。なぜなら、そうすることが帝国の一体性と繁栄を確保する唯一の手段だったからである。治世当初に公布された多くの勅令は、かくして異教徒に向けられることとなった。異教徒は異端の悪と同一視され、彼らからは、民政と軍政の職務を担う権利、財産を相続する権利、また相続財産を非キリスト教徒に委譲する権利、キリスト教徒奴隷を所有する権利が奪われた。つまり、なんであれ、合法的な行為を行なう権利が剝奪されたのである（『ユスティニアヌス法典』第一巻第五法九～一二節、同巻第三法五四節八、同巻第十法二節）。五二九年、一勅法はさらに立ち入った規定をした。つまり信条の自由を事実上禁じたのである。キリスト教に入りこんで学び、洗礼を受けることが、異教徒に強制された。これは、違反すれば、追放され、財産を没収されることとなった（『ユスティニアヌス法典』第一巻第十一法十節）。同法は、一度受洗した者が異教に戻り、秘密の儀礼に参加した場合には死刑をもって臨んでいる。これら一連の法によって、以後、異教徒に対する教育は禁じられた。異教徒には、もはや国家からの給付を受ける権利がなかったのである。この処置は、結果としてアテネの哲学校の閉鎖を招来した。その古代的性格と輝きは、当時も本来のものを失ってはいなかったのだが。同様にユスティニアヌスは、エジプトでいまだ実際に活動を行なっていたいくつかの神殿を閉鎖させた。それまでのキリスト教諸皇帝がブレンミュエス族とノバデス族にその維持を許してきたフィラエ島のイシス神殿も、その一つであった。キレナイカの砂漠にあったユピテル・アモン神殿もこれに含まれており、神殿の建物は教会に変えられた。

ユスティニアヌスは、この政策が実施されるよう個人的に意を払っていた。すべての異教徒に受洗を強制した五二九年の勅令以降、頑強に抵抗する者に対して、多くの告訴が起こされた。抵抗者の多くはしばしば貴族階層の者たちだったが、転向しない者は死刑に処せられた。自殺をした者もいた。首都では、五四五〜五四六年頃に、この種の告訴がさらに新たにたびたび起こされた。それらはエフェソスのヨハネスの主導によるものだった。そしてさらに、五六二年にも新たな抑圧があった。これらの措置はすべて、かなり厳格に実施された。しかし、これによって、異教徒がすべて消滅することはなかった。カレスのような町では、五四〇年になってもなお異教徒が多数派を占めていたのである。

ユダヤ教徒とサマリア人への政策――ユスティニアヌスは、キリスト教化した帝国がユダヤ教徒に与えていた最低限の寛容を変更することはなかった。彼らは独自の儀礼を行なう自由を一貫して与えられていたのである。ところが、ユスティニアヌスは、彼らを異端と同一視した。これによって、ユダヤ教徒の権利領域は、ますます狭められることとなった。ユスティニアヌスは、ユダヤ教徒が法廷においてキリスト教徒に反対する証言をすることを禁じた。また、彼らがキリスト教徒奴隷をもつことを禁じた。ユダヤ教徒のクリアーレスに対しては、義務はそっくりそのまま行なわせながら権利を剥奪した。また、北アフリカのシナゴーグを取り壊して教会に変えさせた。ユスティニアヌスは、ユダヤ教徒が守っていた種々の典礼についての規制を定めることまでした。キリスト教の復活祭が行なわれている期間は、ユダヤ教徒がその復活祭を祝うことを禁じた。また、シナゴーグでギリシア語版聖書『七十人訳聖書』(セプトゥアギンタと呼ばれ、前一世紀までに完成した旧約聖書の律法の部分のギリシア語訳)、ないし少なくともアクウィラ版(アクウィラは、二世紀にポントス地方シノペに生まれ、旧約聖書をギリシア語に翻訳した。異教徒であったがキリスト教に改宗し、のちにユダヤ教徒になったとされる)を読誦することを勧奨した。タルムードの注釈を厳禁し、復活と最後の審判、天使に関しては、旧約聖書の教義を信じない者に厳罰をもって臨んだ。

ユダヤ教徒が典礼の自由を保持したといっても、ユダヤ教の分派者、つまりサマリア人たちは、ユスティニアヌスから苛烈な迫害を受けた。皇帝は彼らをほとんど異教徒と同一視していた。五二七年の一勅法は彼らを名指して指弾している。五二八年には、一法令によって彼らのシナゴーグを取り壊すよう規定し、新規建設を禁止した。この法令は、遺言、相続の禁止を再度銘記させるものだった。これら一連の処置は、五二九年春に激しい反乱を惹起した。騒動は、スキトポリス（同地の主教が殺された）とカイサリアで勃発した。キリスト教徒が虐殺され、キリスト教の教会に火がかけられた。反乱の首謀者は、ネアポリスでみずから皇帝を名乗り、この地でサマリア人の大司祭から戴冠された。続いてたいへん苛烈な抑圧が始まった。村々が、丘という丘が、五二九年から五三〇年にかけて相次いで攻撃され、帝国側に征服された。一〇万人以上のサマリア人が殺害された。殺害を免れた多くの者も、ペルシアに逃げた。残った者は改宗をしたか、少なくとも改宗した振りをしたのだった。

2 教会諸機関に対する配慮

ユスティニアヌスは、布教団の派遣や抑圧によってキリスト教の信仰を広めるだけでは満足しなかった。彼は、教会事項について規定を定めることにも配慮した。多くの勅法が発布され、聖職者の行なうべき諸義務、とりわけ主教の義務について規定された。『新法』第六、第一二三、第一三七は、聖職身分になる条件を規定している。つまり、正教徒であること、最低年齢、能力、家族状況、社会的身分について定められたのである。たとえば、主教は、妻も子供ももってはならなかった。他方、奴隷やコロヌスが叙品されることはありえた。他の勅法は、主教の世俗的権限について定めている。主教は、都市生活に基礎を置く名望家層から出ていたのである。また他の勅法は、コンスタンティヌス以来存在する司法権について規定している。この法廷は、聖職者や俗人に関わっていた。また他の勅法では、聖職者数の定員が定められた。これらの諸法における規定の実施に配慮することは、第一には教会に求められた。しかし、世俗行政が教会を支援しなければならなかった。つまり、世俗行政が聖職者と修道士をコントロールしたのである。教会財産に関する勅法の数は多い。すなわち、ユスティニアヌスは、多数存在する私的施設の地位について規定しているのである。ユスティニアヌスは、それらが安定することを望んでいる。またそのために、適正に、しかし主教の支配のもとで財が付け加えられることを望んだ。教会財産については、これを譲渡してはならないとされた。多くの新法（『新法』第五、第一二三、第一三三が目立ったものである）が、修道士の地位について縷々説明している。たとえば、修道士の供給について規定している（自由身分か奴隷身分かによる）。修練期間を定め、財産問題を規定し、修道院に住まい、自分の境遇に恥じない振る舞いをするよう強制した。これらの新法は、皇帝が修道生活に好意的であったことを示してもいる。ユスティニアヌスは、アナコレテス、つまり孤住形態を非難することはなかったが、コイノビオン、つまり共住形態での修道生活に特権を与えて優遇した。そしてユスティニアヌスは、その枠組みと生活のあり方をたいへん明確なかたちで定めた。彼はまた教会組織にも立ち入っている。つまり、五三五年、イリュリクムを政治的に再編した際、ダキア管区に属する主教たちをユスティニアナ・プリマの大主教のもとに置いて、機構替えをした。そして、ユスティニアナ・プリマの大主教は、総主教の称号を得た。これは、テッサロニキの大主教の管轄権を制限することでもあった。教会には、国家収入が定期的に入るようにもした。「寛厚なる皇帝権は、いと神聖なる諸教会に、その資産と経済的繁栄を全体として恒常的に与えるものである」(『新法』第七第二章)。これらの収入は、典礼の実施、建物の維持、教会聖職者や関係者の給与、また慈善活動に使われていた。

II オルトドクス帝国

しかし、帝国はキリスト教的であるばかりではなく、「オルトドクス」でもある。「正しい教え」だけが、この帝国において都市の権利をもつのだった。キリスト教であっても、分派は「異端」として禁じられた。法によって強制されたオルトドクスは、全地公会議によって、また主教、とりわけ総主教たちの合意によって定められた。つまり、東方の四つの総主教、コンスタンティノープル、アレクサンドリア、アンティオキア、エルサレム、また西方のローマの各総主教の合意によった。しかし、総主教の決定は、皇帝がこれを承認する仕組みだった。皇帝は、公会議の決定事項を全帝国民に強制される法とした。したがって皇帝は、保証人として立ち現われていた。つまり、教会の信仰の統一を保つ主役であった。これは、五三六年の宗教会議の際に、総主教メナスが確認した通りである。「神聖なる教会において討議される事柄は、皇帝陛下の御意見と命令に何一つとして対峙しないことが適当である」。ユスティニアヌスは、かくして信仰内容の規定そのものにも積極的に立ち入った。

1 古い異端諸派

ユスティヌスが皇帝になった時代、帝国にはいまだ古来の種々の異端が存在していた。とりわけ四世紀末以来、多くの法がこれら異端を根絶しようとしてきた。また、三世紀以来、抑圧策がしばしば採られ打撃が加えられてきたものの、マニ教の信徒たちが存在してもいた。これはキリスト教とはまったく異なる宗教だったが、キリストの存在を認めていたために、人びとからキリスト教の一異端と考えられていた。ユスティニアヌスは、このマニ教徒たちを異端のなかでも最悪の存在と考えていた。彼らに対する立法はとりわけ苛烈であり、死刑と財産接収をもって臨んでいる。数多くの迫害が行なわれた。高位者のなかにもマニ教徒はおり、彼らが死刑になることも数件あった。また、山岳派も存在していた。予言主義、聖霊主義を特徴としていたその活動は、二世紀にフリギアで誕生した。そして次第に大教会から分かれて一党派になっていった。ユスティニアヌスは、首都から山岳派の聖職者を追い出し、彼らから多くの権利を剝奪した。抑圧は、この党派の発祥地方でとくに激しかった。フリギアでは、集団自殺が起こり、多くの聖所が破壊された。

アリウス主義は四世紀の異端である。三二五年のニケーア公会議、三八一年のコンスタンティノープル公会議で否定され、四三一年のエフェソス、四五一年のカルケドンの公会議でもこの断罪は確認されている。この派は、テオドシウス一世期以来抑圧の対象だったが、多様なかたちで生き残っていた。コンスタンティノープルにアリウス派はいた。彼らは、コンスタンティヌスの城壁とテオドシウスの城壁とのあいだに、豊かな諸教会を備えていた。また多様な蛮族から混成された軍団にはアリウス派兵士が含まれていた。蛮族の大半は、アリウス派の影響のもとでキリスト教に改宗していたからである。五二四年以来、ユスティヌスの一勅法によって彼らの聖所は閉鎖を命じられていた。そしてアリウス派は、あらゆる国家・軍事官職から締め出されていた。これらの措置は、五二六年にテオドリクス王によりコンスタンティノープルに外交使節が派遣されたのちに一部はもとに戻された。ユスティニアヌスは、五三五年以後再び抑圧を再開する。少なくともアフリカとイタリアの再征服地域で、あらゆるアリウス派の祭儀を禁じた。彼らの教会を接収し、聖職者を追放し、信者を国家・軍事官職から締め出した。これらの措置は、アフリカで数多くの反乱を惹起した。

2　単性論派

以上で言及した分派は、ほとんどの場合マイノリティ集団に関するものだった。単性論派が引き起こした問題は、これらよりもっと複雑だった。なぜなら、彼らはいくつかの地方においてマジョリティ集団だったからである。エジプトではたいへんな信者数であったし、シリアではみずからの立場を弁護することにとりわけ熱心だった。単性論の信者たちは、四五一年のカルケドン公会議決定を受け入れることを拒否していた。カルケドン信条は、キリストのなかに一つの位格（ペルソナ）と二つの本性（聖性と人性）の結びつきを認めていた。キリストの分裂、区別された二つのペルソナを思い起こさせる可能性のあるものすべてを拒否する。アレクサンドリアのキュリロスのキリスト論を信奉する単性論派の信者たちは、二つのペルソナが結合したあとのキリストのなかに、唯一の性（神性）しか認めなかった。カルケドン公会議後、数十年間にわたって彼らから同意を得ることはできなかった。この事態をうけて皇帝ゼノンは、四八二年にコンスタンティノープル総主教アカキウスを通じて、一勅令（ヘノティコン）を発布させた。余談ながら、これは、カルケドン決議に露骨に背反することなく、しかし先行する三つの公会議（ニケーア、コンスタンティノープル、エフェソス）を参照することもなく、独自の決定をしている。この勅令は、東方の総主教たちにただちに受け入れられた。彼らの一部はこれに単性論派的解釈をしていたのである。しかし、この事態はローマの猛烈な反対を惹起し、ローマとコンスタンティノープルの分裂をもたらした。もっともヘノティコンは、オリエントで一致した賛同を得ていたわけではなかった。そして年を経るに従って、多くの者がカルケドン派に戻ることを求めるようになった。政治的統一の保証としての帝国の宗教的統一に配慮したユスティニアヌスは、教会内部のこの分裂を放置しておくことができなかった。彼は、この分裂を解消させようと実に数多くの措置を講じた。しかし、この問題に個人的に深く関わったにもかかわらず、ユスティニアヌスの政策は、抑圧と対話路線とのあいだを揺れ動きながら、結局のところ失敗に終わった。

ユスティヌス期とユスティニアヌス治世初期：カルケドン派への回帰（五一八〜五三一年）――ユスティヌスの登位は、すでに述べたように、コンスタンティノープルのカルケドン派の反発であったと思われる。登位の翌日、五一八年七月十五日の日曜日以来、ハギア・ソフィア聖堂に詣でる人びとは、総主教ヨハネス〔二世〕にカルケドン公会議の確認を求めた。他方、ユスティヌスは、ローマ司教座との関係を回復すべく手続きに入っていた（この件はユスティニアヌスが支えていた）。教皇ホルミスダスと書簡を交換し、ローマ側の施設がコンスタンティノープルに到来し、交渉がもたれた。コンスタンティノープル総主教と東方の司教たちは、この件について沈黙したままである。しかし関係は、ローマが定めた条件で、五一九年三月三十一日に回復した。関係回復には、カルケドン派を純粋、単純に受け入れること、ヘノティコンの起草者であったアカキウスや、彼の後継総主教たち、また彼らと関係のあった主教（東方の主教たちのほとんどすべてであった）、またゼノン、アナスタシウス両帝の名をディプティック〔祈祷用の要録。通常、木製ないし象牙製の二枚の小型板にはさんで用いたので、この名で呼ばれる〕から削除すること、が条件とされた。この新しい政治は、ヘノティコンに署名した主教たちの断罪――これはオリエントの信者たちには歓迎されなかった――には、いずれにせよそれほど固執せず、小アジア、シリアの南部、パレスチナでは受け入れられた。しかしそれは、アンティオキア周辺の諸属州では、激しい抵抗運動を惹起した。この地域では、三三人の主教と多数の修道士が廃位され、追放された。措置は、エジプトでは全体として無視された。ここでは、それが強制されもしなかった。かくしてエジプトは、迫害された単性論派の人びとの避難場所となった。単性論派の思想的領袖だったアンティオキア総主教セヴェリオスが逃れたのもエジプトだったし、キリストの身体が不滅であると主張して、単性論派間での分裂を生んでいたハリカルナッソスのユリアノスもまたこの地に逃れた。ともあれ、反カルケドン派の者たちへの苛烈な政策は、ユスティニアヌス治世最初の四年間にあっては維持されたのだった。

対話の試みとその失敗（五三一〜五三八年）――ところが五三一年、反カルケドン派への抑圧は緩和された。主教と修道士たちは追放先から呼び戻された。ある者はコンスタンティノープルに来て、説教をした。テオドラは、一貫して反カルケドン派の保護者であったにちがいない。彼女は五〇〇名のメソポタミアの修道士を受け入れ、宮殿内に収容した。カルケドン派の主教たちと単性論派の主教たちとのあいだで、五三三年初頭に討論集会が組織された。これは、具体的な結論には到達しなかった。交換された議論のあるものは、ユスティニアヌスに強い印象を与えた。皇帝は、五三三年三月、二つの独断的な勅法を発布した。彼は、どの公会議にも言及することなく、またキリストのもつ二つの本性に言及することを避けつつ、キリストの人性の統一性に力点を置いた。そして、スキティ派の修道士が単性論派と妥協するために提示していた公式を受け入れた。「三位一体の一つが肉体で苦しんだのだ」ということの公式は、神の子と、人間イエスを分けるカルケドン派に対して単性論派が与える非難を招くことは実際なかった。皇帝がすべての者に強制すると主張した勅法は、コンスタンティノープルの修道士アケメテスによって拒絶された。アケメテスは、そこにカルケドン派の裏切りを見て取ったのである。しかし、教皇ヨハネス二世はこれを受け入れた（もっとも彼の先任者ホルミスダスは、五二〇年にスキティ派の修道士を理解することを拒否していた）。単性論派はといえば、これにとりあわなかった。

以上に加えて、五三五年、彼らの議論に好意的な二人の総主教が選出された。コンスタンティノープル総主教アンティメスと、アレクサンドリア総主教テオドシオスである（テオドシオスには競争者が立ったが、五三六年、軍団が彼を総主教に据えた）。他方、アンティオキア総主教のセヴェルスは、みずからの教説を広めるため首都にやってきた。しかし単性論派の活動は、教皇アガピトゥスのコンスタンティノープル来訪によって中断された。五三六年二月、イタリア再征服の中止を求めてテオダトゥスによって派遣された教皇は、アンティメスとの交渉に入ることを拒否した。そして、公会議の召集を求めた。公会議は五月に開催されたが、それは教皇が亡くなったあとのことだった。会議では、アンティメスが弾劾され、メナスがこれにかわった。セヴェレスとその一派は破門された。その後、単性論派への新たな抑圧が起こった。とくにシリアでは苛烈だった。そして、今回の抑圧はエジプトにまで及んだ。ユスティニアヌスは、廃位されたテオドシオスのかわりとして、エジプトにタベネンシのパウロスを派遣した。このパウロスは荒々しい措置を講じたので、まもなく更迭されることとなる。しかし、後継者ゾイラスは五三七年から五五一年にわたって抑圧を遂行し、彼のあとのアポリナリオスもまたこれを継続した。初期の対話の試みはこうして失敗に終わり、力によって統一を強制する新たな試みが行なわれるようになったのである。

和解に向けての新たな試み（五四三〜五六五年）——この結果に満足しなかったユスティニアヌスは、単性論派との新たな和解の道を探った。彼は、五世紀に断罪された三人の主教、彼ら単性論派がネストリウス派とみなした三人の主教たちのなかにその道があると考えた。それは、モプスエスタのテオドロス、キュロスのテオドレトス、エデッサのイバスである。モプスエスタのテオドロスは、エフェソス公会議〔四三一年〕の前に亡くなっていたが、ネストリウスの友人の一人だった。彼のキリスト論はまさに両性論で、キリストにおける二つの本性の区分を強く主張するものだった。キュロスのテオドレトスとエデッサのイバスは、カルケドン公会議に列席していた。しかし彼らは、アレクサンドリアのキュリロスに反対し、そのキリスト論に反論することで異彩を放っていた。公会議は、異端の嫌疑を晴らすため、彼らにネストリウスの教義を明確に非難するよう強制しなければならなかったほどである。ユスティニアヌスは、彼らに対する三つの非難、三つの勅法（capitula）の発布にまでいたろうとしていた（これにより、この事件は三章問題と呼ばれた）。しかし、そのような非難は、言外に多くの含みを生じさせていた。とりわけ西方司教の一部においてそうだった。なぜならこの非難は、これらの主教が正しい教えにあることを認めたカルケドン公会議を問題としているように見えたからである。

これらの敵対者、とくに西方の司教たちと和解するために、ユスティニアヌスは当初オリゲネスを非難した。三世紀の著名な神学者であるオリゲネスは、その著述の一定数が、生前ばかりでなく死後もなお議論を生み、非難を惹起していた。オリゲネス派の論争は、最初、四世紀の末にパレスチナとエジプトで起こったものだったが、それは西方にまで及んでいたのである。とくに、当時ベツレヘムに住んでいた聖ヒエロニムスを逮捕したことが原因だった。オリゲネスの教義は、それでも関心をよび起し続けていた。とくにパレスチナの一部の修道士のあいだで人気を博していた。ユスティニアヌスは、パレスチナでは不満を招いた。これをうけて彼は、五四三年一月に、オリゲネスとその著作『本源論』から引用するさまざまな作品群を断罪する最初の勅令を公布した。第二の勅令は、五五三年三月～四月に公布された。それは、三章問題を非難することになる公会議を開催する前のことだった。一五条からなるその激しい非難は、オリゲネスに帰される教義を弾劾したばかりではなかった。それはまた、ポントスのエウァグリオスや盲人ディディュメスなど、オリゲネスの弟子の教説をも弾劾したのだった。魂の前存説〔肉体と合致する以前から魂が存在しているという説〕、かたちのない知性の原初的ヘナドス〔モナドとも呼ばれ、「純一な知的存在」としての、精神の始源としての神のこと〕――太陽や月、星々がそれに含まれる――、神の愛が冷えたことによって多少とも厚みのある肉体をもって起こるそれらの堕落、理性的存在物の、ある秩序（天使、人間、悪魔の秩序）から他の秩序への移転、アポカタスタシス――悪魔の救済、肉体の段階的消滅、そして原初的ヘナドスの再建、以上が同時になされるとされる。断罪されたキリストに関するいくつかの教義も、単性論者にとっては気に入らないものであった。それはたとえば、魂の前存説であり、また、キリストがケルブ〔智天使〕をケルビム〔智天使〕たらしめ、セラフ〔熾《し》天使〕をセラフィム〔熾《し》天使〕たらしめ、[1] またあらゆる位階の理性的存在をそれぞれにそのものたらしめて、救済を具現化した方法であり、あるいは原初的ヘナドスの再臨のとき世界は完成し、三位一体の一部を成すようなものではないという概念である。勅令は公会議の主教の名のもとにおそらく認可された。しかしそれは、修道院やパレスチナ第一属州から追放されていた多くの修道士の反感をかうこととなった。

（1）ケルブ（別名ケルビム）、セラフ（別名セラフィム）とも、旧約聖書に登場する天使の名前。偽ディオニュシオス（五〇〇年頃シリアに現れた修道士で著述家）が記す天使の九階級では、セラフは、神にもっとも近い階級の天使たちである。キリスト教世界では、六枚の翼を持つとされ、その二枚で顔を覆い、二枚で足を隠し、残りの二枚で飛翔する姿で描かれる。他方、ケルブは、それに続く第二階級の天使たちで、その姿は旧約聖書『エゼキエル書』に描かれるように、半人半獣の恐ろしいものとされる。いわく「それぞれが四つの顔を持ち、四つの翼をつけている。……その顔のかたちは、右側は四つとも人の顔と獅子の顔、左側は四つとも牛の顔、四つとも鷲の顔である。……生き物のあいだには炭火が燃えているように見える。それは、たいまつのように、生き物のあいだを往き来し、火の光は光輝き、火から稲妻が出る」(一・七〜十三)〔訳注〕。

三章説の断罪――ユスティニアヌスは、これによってカルケドン公会議をネストリウス主義批判から救い出そうとしていたわけだが――それは、オリゲネス主義批判をめざしていた。皇帝はこれを認めさせることに多大な苦労を強いられる。五四四〜五四五年になると、彼は一つ勅令を発し、モプスエストスのテオドロス当人とその全著作、イバスの手紙、テオドレトスによる反キュリロス派の著述を否定した。彼らの神学説が、キリストのなかの二つの本性を分離したものと認識する誤謬を冒しているとの理由だった。この勅令は評判が悪かった。とくに西方においてそうであり、教皇ヴィギリウス(彼はテオドラのお気に入りで、シルヴェリウス免職後ローマ司教に推挙されていたのだったが)は調印を拒否した。ヴィギリウスはローマから強制的に連行され、五四七年一月コンスタンティノープルに連れてこられた。しばらくは抵抗していたが、その後、教皇は五四八年四月カルケドン信条の尊重を明らかにしながらも、三章説を断罪する文章「ユディカトゥム」の起草に同意した。この文章は、何人もの西側司教、そして教皇に激しい論争を引き起こす。五五〇年初頭、公会議でその問題が議論され、ついには皇帝にその取り消しが要求された。そしてその公会議が開催されるまでのあいだ、この問題は公然と議論してはならないとされたのである。

それにもかかわらず、五五一年六月、皇帝は改めて三章を非難する「信仰告白」を公布した。その結果、依然としてコンスタンティノープルに拘束されていた教皇と、ユスティニアヌスのあいだに緊張関係が生じた。ヴィギリウスは彼が人質として囚われていた宮殿から脱出し、数か月間ボスポロス対岸のカルケドンにある教会堂に避難した。交渉ののち、五五二年六月、彼は首都に戻り、そこで三章を議論するために皇帝が公会議を召集することについに同意した。しかし、ユスティニアヌスは召集された多くの修道士（その大部分は東方の主教であったのだが）にみずからの見解を強要し、教皇は公会議における審議への不参加を宣言した。

公会議は、教皇不在のまま五五三年五月に開催された。ヴィギリウスは三章に沿った「意見書」を作成して反対したが、皇帝は難なく三章を断罪した。数か月後、依然コンスタンティノープルに引き留められていた教皇は、公会議決議（教会によって第五回公会議のものと見なされたのち）の合意に基づいた二度目の「意見書」を提示した。彼はその後ローマに戻ることを許されたが、五五五年七月、帰路のなかばで没した。彼のあとを三章の確固たる擁護者であった教皇ペラギウスが継いだが、彼はその断罪決定を受け入れたため、多くの西側修道士に反発されてしまった。アクレイア周辺の司教のある者たちは離教し、事態は七世紀の初めまで修復されなかった。

三章の断罪は単性論者に対し何一つ影響を及ぼしえなかった。そして、ユスティニアヌスはとくにキリストの身体は不変であると主張する人びとと依然として交渉を続けていたが、彼らはカルケドン信条に賛同することはなかった。それどころか、その統治の晩年には、カルケドン派教会から分離した単性論派教会の基礎となる枠組みが準備されようとしていた。とりわけ五三六年以降、単性論派主教たちが彼らの教区から追放される迫害がなされ、信者がカルケドン派聖職者のもとに行くことを禁じられるなかで、単性論派聖職者が欠乏するという事態が起こった。修道士ヤコボス＝バラダエウスは、ガッサン朝のハリトの要請により、五四二年にアレクサンドリアのテオドシオスによって主教に叙階された。彼は聖職者の再建を実行した最初の一人であり、分離した単性論派教会において、初期の枠組みを築いていく主教たちを叙階した最初の一人でもあった。物乞いの服を着ていたので帝国警備兵に気づかれることなく、二年のあいだ小アジアとシリアを歩き回り、そこで多数の聖職者を叙階した。彼は、五五二年頃に二七名の修道士を、五五七年頃にはアンティオキアの総主教を叙階している。皇帝側の党派であった「メルキタイ派」（シリア語の王（melek）から派生）に対して、「ヤコブ派」（＝ヤコボス派）と呼ばれる教会がシリアで発達し始めた。他方、エジプトでは、分裂していたヒエラルキーの設置が、アレクサンドリアのテオドシオスの旧知の仲間であるペトロスによって開始された。その結果、五七四年に七〇名の単性論派修道士が叙階されている。その総主教（まもなくコプトの主教として指名される）は、エジプトの住民の大多数に支持されていた。ところが、カルケドン派総主教はといえば、信者の大半を役人から得るだけだった。

ユスティニアヌスの宗教政策は教会の統一に失敗した。彼の治世は、公式にはそれが始まったときと同様カルケドン派オルトドクスの庇護のもとに終結した。その宣言は、ユスティニアヌス法典の前文に記されている。五一八年以来毎年執り行なわれた荘厳な典礼の挙行には、主教と帝国住民の大半が参加するものとされた。それは、五三六年と五五三年に確認されたことだった。しかしながら、単性論派は姿を消さなかったし、ますますビザンツ教会の管轄外の問題に進展していった。ユスティニアヌスの後継者たちのもとで、彼らは分離教会の設立に邁進する。その分離は、アラブ人の征服活動によってシリア、エジプトが帝国から切り離されたときに決定的なものとなるのだった。

結論

ユスティニアヌスの治世は、数多くの輝かしい側面を見せた時代だった。西欧諸属州の再征服は偉大な事業であり、その直接の成果は、帝国再生（renovatio imperii）という古来の夢の実現だった。皇帝の命によってなされた法典編纂は、ローマ法の発展に最終的な決着をつけるとともに、後世にその名を残すモニュメントとなって、皇帝の没後におおいなる栄光を呼び起こすこととなった。実行された多くの改革は、称賛に値するものだった。国家歳出の一覧は、帝国の富を明らかにすることとなり、いまなおたいへん重要な資料である。古い帝都にあって、ハギア・ソフィア聖堂は、皇帝のイニシアティヴによって行なわれたおびただしい建築活動の壮麗さをこんにちに伝えている。といっても、それを芸術上のルネサンスが起こったと見なしてはいけないが。建てられた建物の多くは、ビザンツ的芸術の精華であり、まさにこの「ユスティニアヌスの世紀」以来、聖なる表現をまとってこんにちまで伝わっている。エルンスト・シュタインが考えたように、この時代を「ビザンツ文学の黄金時代」と評価し、ユスティニアヌスを文化活動のある種のパトロンとするのは、おそらく大袈裟にすぎるだろう。しかし、その名に値する著述家の名を挙げることはできる。歴史家では、カイサリアのバシレイオス、ミリナのアガティアス、エヴァグリオス・スコラスティコス、詩人では、ギリシア語圏で最も偉大なキリスト教聖歌作家であったローマノス・メロードス、また聖者伝作者であるキュリロス・スキトポリスによるパレスチナ地方の修道士たちの伝記群は、このうえない魅力をもつ歴史資料である。神学者では、最も注目すべき人物としてアンティオキアのセヴェリオス——その作品はシリア語でしか伝わっていない——などがいる。以上のすべてが、ユスティニアヌスの功績によるものとするわけにもいかない。しかし、彼らの活動は、停滞やデカダンスなどとは到底言えない社会の活力を示している。

しかしまた、彼の治世にはネガティブな側面も顔を覗かせている。ユスティニアヌスの施策は、善意の意図に基づいていた。にもかかわらず、必ずしも公正な社会を出現させることに成功してはいない。とくに、「下層民」(＝一般庶民：humiliores)に関わる側面でそうだった。彼ら「下層民」に対して、法は有力者に対するよりもつねに厳格であり、法の趣旨とはうらはらに、たいがいの場合、彼らが現状から抜け出すのを不可能にしていた。ユスティニアヌス治世の企ては、どれも費用がかさむものだった。それればかりか、不毛でもあった。再征服戦争、とくにイタリアのそれは、長期にわたり、莫大な経費を要した。にもかかわらず、国庫になんら利益をもたらさなかった。それら再征服戦争は、普遍的なローマ帝国を再生しようという、時代の流れに逆行するものだった。またそれらが、蛮族たちの民族意識を覚醒させる結果となることは勘案されていなかった。これらの戦いが国家に負担となっていたために、帝国内で最も富裕で均質的だった東半部の防衛に、ユスティニアヌスが十分な労力をさくのが妨げられた。つまり、バルカンへの蛮族の侵入に対して、またペルシアの侵攻に対して、十分な対応が取れなかったのである。再征服戦争は、国境地帯で数々の脅威が発生するのを許すこととなった。実際その後、これらの脅威は、拡大し、現実のものとなるのだった。帝国の再生は、偉大な夢だった。しかしそれは、最も緊急の諸問題を覆い隠してしまったのである。

他方、この時代は、重大な変革期でもあった。変革の多くは、古代文明没落の徴候を示している。最も顕著な徴候は、都市・農村間の関係の変容である。少なくとも、特定の諸地方では、それが認められる。都市は、その生活様式によって人びとを惹きつけることをやめた。かくして、文明の源、文化伝播の中心であることをやめた。この傾向に歯止めをかけようとして、ユスティニアヌスは努力した。それにもかかわらず、都市のクリア会メンバーは、これに賛同しなかった。彼らの楽しみとなっていた都市のモニュメンタルな枠組みを維持することに、もはや関心を示さなかった。馬車競技場、浴場関連の諸施設は消滅こそしなかったが、もはや本来の重要性を失った。象徴的な一例にだけ言及しよう。アテネでは、個人の家屋がアゴラや公道上に侵出した。木の仕切りが店舗や賃貸家屋、工房（アトリエ）の柱廊を分けていた。この展開は、ユスティニアヌス治世以前からのものであり、ユスティニアヌスに責任があるというわけではない。しかし、彼の治世には、都市を襲った多くの自然災害によって、この傾向が強調された。五四二年のペストは、及ぼした災禍に照らして疑いなく最も重大な災害だった。そのほかに、戦争や異民族の侵入があった。変化は、メンタリティの変化においても認められ、これにより、生活上の優先順位も変わることとなった。財産を動かすもの、それはもはや、富裕な善行者によって支弁され、その行為が同胞市民によって賞賛を浴びた古代都市の記念事業ではなかった。そうではなく、教会、慈善諸施設、修道院が、財の移転を突き動かしていたのである（修道院は小規模都市になることもあった。シリアなどいくつかの地方では、それは農村生活と切り離せない組織となった）。土地、動産とも、教会財産の増加が、さらにこの現象を際立たせている。人びとの行動に規準を与えたのは、もはや異教のパイデイア〔教養〕ではなく、修道院の文化だった。宗教的対立も、同じような方向で働いた。つまり、単性論派の主教が都市から排除されたとして、彼は農村部に、みずから設立した修道院に逃れた。この修道院は、周辺農村部の住民にとっては、かつて都市が果たしていた役割を果たすこととなる。こういった分派は、帝国への結びつきを弱体化した。とくに、兵士と兵士の受入者たちしか見られない地方ではそうだった。このことは、続く世紀にアラブ人が侵入した際、帝国の抵抗力を弱めることとなる。

これらすべての変化は、ユスティニアヌスの帝国の全地域、全都市で明白に看取されたわけではない。しかし、東方における古代の周縁を特徴づけるこの治世の出来事だった。しかしともかく、ユスティニアヌスの治世は、その長さばかりでなく、構想の気高さ、実現に向けての行動力、それらがもたらしたのちの時代の輝きによって、いまなお偉大な治世であり続けている。

訳者あとがき

時代を牽引した指導者の事績を総覧することは、もとより容易な作業ではない。とくに、新しく社会の基層を創りあげ、時代を越えて影響を及ぼした偉大な人物となると、その評価を十全に行なうのはむしろ至難の業といえるかもしれない。

本書で語られる皇帝ユスティニアヌスが、その多彩な活動によって、世界史上でも有数の偉大な人物だったと評されることに大方の異論はないようだ。彼は、「世界」に号令をかけるローマ皇帝の当為として各地に遠征軍を派遣し、四世紀末の帝国分割以後に皇帝の直接支配から離れていた西半部をなかば再統合して「帝国」再統一の夢をほぼ実現した。また、「帝国」の根幹となるローマ法を集大成して国家の礎《いしずえ》を完成する一方で、「帝国」の新たな統合原理となったキリスト教の「正統」信仰を擁護して教義論争に介入、イデオロギーの統一にも情熱を注いだ。多方面にわたるユスティニアヌスの事績は、まさに時代を画する華麗な足跡と評されるに値するだろう。それは、ローマ帝国の屋台骨としての統治機構の確立や、軍事的成果といった歴史の表層面に留まらず、規範としての法制、また道徳・価値観の基礎をなす宗教問題など、いわば人間の生活に深く関わる規律化の側面を含んでいた。ローマ法典とキリスト教の正統信仰は、周知のようにその後「ヨーロッパ」の形成に大きな影響を与えることになる。そのことを考えると、ユスティニアヌスの事績に対する欧米人の関心の高さにも頷ける。

ユスティニアヌスの偉大な足跡に、研究意欲を喚起される人は少なくない。しかし、いざ研究を志すとなると、多岐にわたる活動の広さと深さ、また残された史料素材の豊富さに、観察者は目眩を覚えずにはいられない。かくして、残念ながらわが国では、ギボンやオストロゴルスキーの叙述、またローマ法学者の解説のほかには、これまでユスティニアヌスと彼の時代についての体系的な説明は存在しなかった。本訳書は、ユスティニアヌスの事績について日本語で読めるほとんど初めての概説書となるはずである。

本書は、Pierre Maraval, ***L'Empereur Justinien.*** (Coll. « Que sais-je? » n°3515, P.U.F., Paris, 1999.) の邦訳である。著者のピエール・マラヴァル氏は、一九三六年生まれで、現在パリ第四大学（ソルボンヌ）文学部宗教史講座教授。古代末期と呼ばれる四〜六世紀の、東地中海地域（ビザンツ）に関わる教父研究と聖域トポグラフィー研究で国際的に知られる碩学である。以下の主要業績が語るように、ニュッサのグレゴリウスをはじめとする著述家の作品を厳密な文献学的批判に基づき校訂し、聖域についての網羅的情報整理と、それが巡礼などを通じて地中海世界に果たした役割の分析で顕著な成果を収めてきた。

――ニュッサのグレゴリオス『聖マクリナ伝』フランス語訳付き校訂版 (Grégorie de Nysse, *Vie de sainte Macrine*, Introduction, texte critique, traduction, notes et index. Paris, Cerf, 1971. Sources

chrétiennes, 178)
――エゲリア『旅行記』フランス語訳付き校訂版（Egérie, *Journal de voyage (Itinéraire)* , Introduction, texte critique, traduction, notes et index et cartes. Cerf, 1982, réimpr. 1997. Sources chrétiennes, 296)
――『オリエント地域の聖域と巡礼――歴史と地誌：起源からアラブ人の征服活動期まで』(*Lieux saints et pélerinages d'Orient : hitoire et géographie, des origines à la conquête arabe*. Cerf, 1985; 2e.éd., 2004.)
――カイサリアのプロコピオス『秘史』フランス語訳および解説（Procope de Césarée, *Histoire secrète*, traduit et commenté, Paris, Les Belles-Lettres, 1990. coll. La roue à livres)
――ニュッサのグレゴリオス『書簡集』フランス語訳付き校訂版（Grégoire de Nysse. *Lettre*, Introduction, texte critique, traduction, notes et index. Cerf, 1990. Sources chrétiennes, 363)
――『カッパドキア地方ペダクトエの聖アテノゲノスの受難』フランス語訳付き校訂版（*La Passion inédite de S. Athénogène de Pédachthoé en Cappadoce* (BHG 197b), Introduction, édition, traduction. Bruxelles, Société des Bollandistes, 1990. Subsidia Hagiographica, 75)
――『中近東世界における初期キリスト教徒巡礼――四～七世紀』（*Récits des premiers pèlerins chrétiens au Proche-Orient (IVe-VIIe siècle)*. Cerf, 1996. coll. Sagesses chrétiennes)
――『コンスタンティヌスからアラブ征服活動期までのキリスト教世界』（*Le Christianisme de*

Constantin à la conquête arabe, Paris, PUF, 1997.La Nouvelle Clio)

ユスティニアヌスに関する研究、叙述は、欧米社会では小説を含めると相当数に上る。古くはシャルル・ディールの大著（一九〇一年刊）があり、近年でも、遺稿がまとめられて第二巻が出版されたゲルンのベルトルド・ルービンの研究から、先月（二〇〇四年十月）末に刊行されたジョルジュ・タトによる八〇〇頁余のユスティニアヌス伝まで、いずれも厳密な史料分析の成果が刊行されている。また、皇妃テオドラの数奇で華麗な生涯に魅せられた研究者、小説家による伝記的作品も少なくない。二〇〇二年九月から翌〇三年八月までは、ラヴェンナがイタリアにおけるローマ帝国の拠点となって一六〇〇周年を迎えた記念すべき年であったことから、この町のサン・ヴィターレ聖堂に典雅なモザイク肖像を残す彼らへの関心は、ここ数年でまた一つのピークを迎えた観もあった（参考文献を参照）。ユスティニアヌスの時代は、なお脈々と欧米の研究者、読書人の関心を喚んでいる。

本書は、ユスティニアヌスの事績の全貌をコンパクトに示す小著であるが、目配りの点で大部な書物にくらべて遜色がない。もちろん、豊富に残された史料所言の紹介は紙幅の問題から割愛されている。しかし、拾うべき重要項目はほぼすくわれているように思われる。ユスティニアヌスとテオドラの実像を描いて興味深いプロコピオス『秘史』をフランス語訳し、解説を担った碩学マラヴァルにして為しえた佳作と感心するばかりである。

本書は、主要史料と定評のある既存研究・叙述を通覧したうえで、独自のユスティニアヌス像を提示した信頼の置ける概説である。われわれ一般読者や初学者にとっては何よりのガイドといえよう。実際、パリのビザンティン図書館（コレージュ・ド・フランス）などに集う大学院生たちは、折りにつけ本原著を繙読・参看して、六世紀の帝国と地中海世界、またユスティニアヌス像の輪郭を確認している。日本でも、意欲ある読者は、本書からさらに本格的な研究書、伝記作品へと進んでいただければと思う。

さて、以下、訳出上留意した諸点に触れておきたい。本書が扱う時代のビザンツ世界の公用語は、すでにおおむねラテン語からギリシア語に移っていた。しかし、「ユスティニアヌス」「ユスティヌス」など、すでに慣例化しているラテン語を基礎とした日本語表記については、人名・地名ともこれに従った（ダルダニア地方出身のユスティニアヌス自身は、おそらくラテン語で思考していた）。また、われわれが学校で学ぶ古典ギリシア語の音韻も、六世紀段階ではすでに崩れて「中世ギリシア語」の発音体系に移行していたと考えられている。しかし、これもわが国では必ずしも馴染みがないので、最低限準拠するにとどめた。

ユスティニアヌスの帝国経営は、東はペルシアとの国境地帯から、北は黒海北岸、南西は北アフリカの西端にまで及ぶ。本書でも、これら地域の地名、また民族名、人名などの表記には正直苦労した。これらについては、原著での表記を尊重しながら、できるだけ西欧で通例となっている表記の日本語カタカナ表現に努めたが、思わぬ過誤を含むのではないかと恐れている。読者諸賢のご海容とご教示をお願い申し上げる。なお、訳註は適宜〔　〕で添え、長い場合には段落のあとに掲示した。また、巻末の「参考文献」は、原著巻末にある文献案内を基礎に、本訳書出来までに刊行された主要な文献書誌を追加したものである。史料については、定本とされる校訂版と、英独仏語に限り定評ある近代語訳の書誌を採録した。適宜参照いただければ幸いである。

原著の刊行から五年が経過した。白水社・文庫クセジュ編集部の和久田頼男氏には、訳者の怠慢をお詫び申し上げなければならない。なお、編集作業には同・中川すみ氏のお世話になった。偶々在外出張中でご迷惑をお掛けしたことをお詫びするとともに、周到なお手配に深謝申し上げる。最後に私事にわたるが、本書の一部は、一橋大学でのヴォランタリーな課外ゼミで学生諸君と講読することがあった。教養論争など学部生には難解な箇所もあったと思うが、苦しくも愉しい共有体験は本訳書の一部に結実している。栗原可奈子、野澤絢一、平野雄吾の諸君の努力を記して多としたい。

二〇〇四年十二月　セギエ通りにて

大月康弘

参考文献

I　史料

A：歴史

- カイサリアのプロコピオス Procope de Césarée（500～560年頃）：ユスティニアヌス治世の最重要な歴史家．それぞれに異なるジャンルに属する3点の重要な作品を残す．8巻から成る『戦史』は，第1～2巻が対ペルシア戦，第3～4巻が対ヴァンダル戦，第4～8巻が対ゴート戦および対諸族戦線についての記述であり，トゥキュディデス以来の叙述伝統に沿った歴史作品たるべく執筆された．『秘史』（『アネクドタ』）は，ユスティニアヌスとテオドラの毀貶を記した過激な小冊子．『戦史』の補足ないし補正と理解されている．『建築の書』は，ユスティニアヌスの建築事業をすべて記述し，称讃した書物である．フランス語訳：*La guerre contre les vandales*: *Guerres de Justinien*, livres III et IV, Belles Lettres, 1990 ; *Histoire secrète*. suivi de Anekdota par Ernest Renan, Belles Lettres, 1990 ; Procope et Agathias, *Histoire des guerres faites par l'empereur justinian, contre les vandales et les goths*. Phenix Editions, 2004.
- ミリナのアガティアス Agathias de Myrina（582年没）：ユスティニアヌスの没後に，全5巻の『歴史』を執筆した．プロコピオスの『戦史』を参看し，これに触発されて継ぐものである．552年から558年の諸事件を，とくに軍事を中心に――対ゴート，対ヴァンダル，対フランク，対ペルシア戦を――伝える．ed. Joseph D. Frendo, Agathias, *The Histories*, (Corpus Fontium Historiae Byzantinae, vol. 2a) Berlin, 1975.
- エヴァグリオス・スコラスティコス Évagre le Scholastique（537年以前～594年以後）：アンティオキアの弁護士，431年から593年の出来事を記す『教会史』全6巻を著す．第6巻がユスティノス，ユスティニアヌス期に該当する．フランス語訳：tr. par A. J. Festugière, *Byzantion,* 1975.
- エフェソスのヨハネス Jean d'Ephèse：修道士で，のちに単性論派の主教（506～585年）．『教会史』を著すが，521～585年を扱う第3巻しか伝承されない．また，569年頃執筆された『東方諸聖人の生涯』*Vies des saints orientaux*がある．英語訳：*Asceticism and society in crisis*：John of Ephesus and the Lives of the Eastern Saints, tr. by Susan Ashbrook Harvey, Berkeley, 1990.
- 偽ザカリアス Ps. Zacharie le Rhéteur：シリア語で書かれた『教会史』がある．これは，天地創造から569年までをカバーする．
- スキトポリスのキュリロス Cyrille de Scythopolis：6世紀の聖サバス修道院の修道士．キュリロス執筆とされる多くの修道士伝が残されている．フランス

語訳：tr. par A. J. Festugière, *Les moines d'Orient*, III, Paris, 1963.

- ヨルダネス Jordanès：ゴート人で554年以降コンスタンティノープルに滞在した．帝都で，カッシオドルス（Flavius Magnus Aurelius Cassiodorus. 490頃～583頃．東方からイタリアに移住し，イタリア南部で政治的に重きをなした名門の出身．東ゴート王テオドリックに仕え，要職を歴任後，引退して歴史，神学などの著作に専念）の『ゴート史』の梗概を作成した．フランス語訳：*Histoire des Goths*, Belles Lettres, 1995.
- この他，マウリキオス帝の護衛として勤務したメナンドロス・プロテクトル Ménandre Protector によるアガティアスを継いだ叙述（558～582年の事績を記述）や，外交官後，ユスティニアヌスの官房長官となったペトロス・パトリキオス Pierre le Patrice の記述，また，外交官でイエメンやエチオピアでの自身の任務を伝えるノンノソス Nonnosos の記述の断片が残る．

B：年代記

- ヨハネス・マララス Jean Malalas：6世紀アンティオキアの人．おそらく聖職者．天地創造から563年までの出来事を記す『年代記』を残した．この作品は，ビザンツにおけるキリスト教年代記の最初の典型例である．重要な政治事件のほか．逸話，人物描写，自然災害についても記す．第17巻がユスティヌス，第18巻がユスティニアヌスを扱う．Ioannis Malalae, *Chronographia*. recensuit Ioannes Thurn. (Corpus Fontium Historiae Byzantinae, Series Berolinensis, 35) Berlin, 2000. 英語訳：John Malalas, *The chronicle of John Malalas*, tr. by E. Jeffreys, M. Jeffreys and R. Scott. (Byzantina Australiensia, 4) Melbourne, 1986.
- マルケリーヌス・コメス Marcellinus Comes：彼の『年代記』は379～534年を扱っているが，名の知られない別の記述者によって548年まで書き継がれている．ユスティニアヌスに忠実な著述家の筆は，宮廷の見解を反映している．ed. Th. Mommsen, *Monumenta Germaniae historica*：Auctorum antiquissimorum, vol.11, p.37-108. 英語訳：Marcellinus Comes, *Chronicle*, tr. & comm. by B. Croke (with Mommsen's Text), (Byzantina Australiensa, 7) Sydney, 1995.
- トゥンヌナのヴィクトール Victor de Tunnuna：アフリカの主教．三章問題の論争当事者で目撃者．彼の『年代記』は444～567年を扱う．Migne, *Patrologia Latina* 68, 937 f.
- 『世界年代記』*Chronicon Paschale*：ヘラクリオス帝下で改訂され，天地創造から629年までを記述する．ユスティニアヌス治世についてしばしば独特な史料所言を与える．*Chronicon Paschale* 2 Bde. recensuit Ludowig Dindorf. (Corpus scriptorum historiae Byzantinae, 7-8) Bonn, 1832. 英語訳：*Chronicon Paschale 284-628 AD*.tr.with notes and introduction by Michael and Mary Whitby Liverpool, 1989.
- ニキウ主教ヨハネス Jean de Nikiou の年代記：7世紀末の上エジプトの人．天地創造からアラブ人によるエジプト征服までを扱う．当初ギリシア語，ラテ

ン語で書かれたテキストがあったと推測されるが，現在伝承されるのは，アラビア語テキストからエチオピア語に翻訳された版のみである．*Chronique de Jean*, évêque de Nikiou, texte étiopien. ed. et tr. par H. Zotenberg, Paris, 1883. 英語訳：*The Chronicle of John*, Bishop of Nikiou. tr. by R. H. Charles. London/Oxford, 1916.

- 『テオファネス年代記』*Théophanes Confesseur*：9世紀に編纂され，284～814年を扱う．プロコピオスやマララスを使っているが，オリジナルな記述も含む．Théophanes, *Chronographia*. I-II. ed. G.De Boor. Leipzig, 1883, 1885；英語訳：*The Chronicle of Theophanes Confessor*：Byzantine and Near Eastern history AD 284-81. tr. with introd. and comment. by Cyril Mango and Roger Scott. Oxford, 1997.
- この他，6世紀から12世紀にかけてシリア語で書かれた年代記が何点か存在する．

C：最重要な一次史料

①法制・国制史料

- 『ユスティニアヌス法典』*Corpus Juris Civilis*. T. 2: Codex Justinianus. ed. P. Krüger, Berlin, 1877；『法学提要』『法学彙纂』id., T. 1: Institutiones, Digesta. ed. P. Krüger, Berlin, 1893；『新法』id., T.3: Novellae. ed. R. Schöll et W. Kroll, Berlin, 1895.
- ヨハネス・リュドス『官職者について』Jean Lydus, *De magistratures*：ユスティニアヌス治世に道管区長官のもとに勤務した役人による作品．De Magistrantibus Populi Romani. ed. Ricard Wünsch, Leipzig, 1903. 英語訳：On powers. tr. A. C. Bandy, Philadelphia, 1983.
- ヒエロクレス Hierocles の『シュネクデモス』*Synekdèmos*：528年に遡る地誌的作品で，64州，923の都市について記す．アラブ侵入以前の帝国の属州組織を知るうえで貴重な史料．*Le synekdèmos d'Hiéroklès*. ed. E. Honigmann, Bruxelles, 1939.

②公会議教令

地方会議，全地公会議ともに，種々の教会会議の公式記録がある．553年の第2コンスタンティノープル公会議の記録は以下を参照．Edvard Schwartz/Johannes Straub (ed.), *Acta conciliorum oecumenicorum*. T. IV, Pars 1. Berlin, 1971；J. D. Mansi, *Sacrorum conciliorum nova et amplissima collectio*. vol.8-9.

③書簡

ユスティニアヌス，歴代教皇，歴代総主教の書簡は，以下の集成にまとめられている．*Collectio Avellana*: *Epistulae imperatorum pontificum aliorum inde ab a. CCCLXVII usque ad a. DLIII datae. Avellana quae dicitur collectio.* Recensuit... Otto Guenther, 2 dln. (Corpus Scriptorum Ecclesiasticorum Latinorum, 35), Prage/Wien et al, 1895. カッシオドルスの『論集』*Variae*に

は，ゴート王の官房長官，管区長官として彼が（王の名のもとに）起草した書簡が収められている．Cassiodore, *Variae*. ed. Ake J. Fridh, (Corpus christianorum, 96) Turnhout, 1973 ; 英語訳：tr. by Thomas Hodgkin, *The letters of Cassiodorus*. London, 1886.

④神学関係

このジャンルの著述，史料は多数存在する．以下の網羅的一覧を参照．Hans-Georg Beck, *Kirche und theologische Literatur im byzantinischen Reich*. (Handbuch der Altertumswissenschaft, XII, 2.1.) München, 1959; 2. ed., 1977.

Ⅱ　研究文献

Joëlle Beaucamp, *Le statut de la femme à Byzance du IVe au VIIe siècle*, I-II, Paris, 1990-92.

Robert Browning, *Justinian and Theodora*, London, 1987.

John B. Bury, *Hisotry of the Later Roman Empire from the death of Theodosius I to the death of Justinian*, vol. II., London, 1923, NY, 1958.

Alan Cameron, *Circus Factions. Blues and Greens at Rome and Byzantium*, Oxford, 1976.

Averil Cameron, *Procopius and the sixth Century*, London, 1985.

Averil Cameron, *The Mediterranean World in Later Antiquity AD 395-600*, London, 1993.

Paolo Cesaretti, *Theodora*, Milano, 2001. フランス語訳：tr. par Pierre Laroche, *Théodora : Impératrice de Byzance*, Paris, 2003. 英語訳：tr. by Frongia, Rosanna M. Giammanco, *Theodora: Empress of Byzantium*, New York, 2004.

Gilbert Dagron, *Empereur et prêtre: Étude sur le césaropapisme byzantin,* Paris, 1996. 英語訳：*Emperor and Priest: The Imperial Office in Byzantium*, tr. by Jean Birrell. Cambridge, 2003

Roland Delmaire, *Les institutions du Bas-Empire romain de Constantin à Justinien, 1 : Les institutions civiles palatines*, Paris, 1995.

Alexander Demandt, *Die Spätantike. Römische Geschichte von Diokletian bis Justinian 284-565 n. Chr.* München, 1989 (=*Handbuch der Altertumswissenschaft*, III, 6)

Charles Diehl, *Justinien et la civilisation byzantine au VIe siècle*, Paris, 1901.

Glanville Downey, *Constantinople in the age of Justinian*, Oklahoma, 1960.

Jean Duliat, *De la ville antique à la ville byzantine. Le problème des subsistances*, Rome, 1990.

James Allan S. Evans, *The age of Justinian. The Circumstances of Imperial Power*, London, 1996.

id., *Empress Theodora*: Partner of Justinian, Univ. of Texas Press, 2002.

André Grabar, *L'âge d'or de Justinien*, Paris, 1966.

M. F. Hendy, *Studies in the Byzantium Monetary Economy, c. 300-1450*, Cambridge, 1985.

Hommes et richesses dans l'Empire byzantin, IVe-VIIe siècle, 2 vols., Paris, 1989.

A. H. M. Jones, *The Later Roman Empire. A Social, Economic and Administrative survey*, 4vol., Oxford, 1964.

Michel Kaplan, *Les hommes et la terre à Byzance du VIe au XIe siècle: propriété et exploitation du sol*, Paris, 1992.

Otto Mazal, *Justinian I. und seine Zeit*, Köln, 2001.

Mischa Meier, *Das andere Zeitalter Justinians. Kontingenzerfahrung und Kontingenzbewältigung im 6. Jahrhundert n. Chr.*, Göttingen, 2003.

John Moorhead, *Justinian*, London, 1994.

Evelyne Patlagean, *Pauvreté économique et pauvreté sociale à Byzance, IVe-VIIesiècles*, Paris, 1977.

Berthold Rubin, *Das Zeitalter Justinians*, Bd. 1, Berlin 1960, Bd. 2, 1995.

Ernst Stein, *Histoire du Bas-Empire, t. II : De la disparition de l'empire d'Occident à la mort de Justinien (476-565)*, Paris, 1949.

Georges Tate, *Justinien : L'épopée de l'Empire d'Orient (527-565)*, Paris, 2004.

Alexander A. Vasiliev, *Justin the First : an Introduction to the Epoch of Justinian the Great*, Cambridge Mass., 1950.

訳者略歴
大月康弘（おおつき・やすひろ）
一九六二年生まれ
一九八五年一橋大学経済学部卒
西洋経済史、地中海地域研究、ビザンツ学専攻
現在、一橋大学大学院経済学研究科教授

皇帝ユスティニアヌス
二〇〇五年二月　五　日第一刷発行
二〇一〇年五月三〇日第二刷発行

訳　者 © 大　月　康　弘
発行者　及　川　直　志
印刷所　株式会社平河工業社
発行所　株式会社　白　水　社
東京都千代田区神田小川町三の二四
電話　営業部〇三（三二九一）七八一一
　　　編集部〇三（三二九一）七八二一
振替　〇〇一九〇―五―三三二二八
　　郵便番号一〇一―〇〇五二
http://www.hakusuisha.co.jp
乱丁・落丁本は、送料小社負担にてお取り替えいたします。

製本：加瀬製本
ISBN978-4-560-50883-1
Printed in Japan

文庫クセジュ

歴史・地理・民族（俗）学

62 ルネサンス
79 ナポレオン
116 英国史
133 十字軍
160 ラテン・アメリカ史
191 ルイ十四世
202 世界の農業地理
297 アフリカの民族と文化
309 パリ・コミューン
338 ロシア革命
351 ヨーロッパ文明史
382 海賊
412 アメリカの黒人
428 宗教戦争
491 アステカ文明
506 ヒトラーとナチズム
530 森林の歴史
536 アッチラとフン族
541 アメリカ合衆国の地理
566 ムッソリーニとファシズム
586 トルコ史
590 中世ヨーロッパの生活
597 ヒマラヤ
602 末期ローマ帝国
604 テンプル騎士団
610 インカ文明
615 ファシズム
636 メジチ家の世紀
648 マヤ文明
664 新しい地理学
665 イスパノアメリカの征服
669 新朝鮮事情
684 ガリカニスム
689 言語の地理学
705 対独協力の歴史
709 ドレーフュス事件
713 古代エジプト
719 フランスの民族学
724 バルト三国
731 スペイン史
732 フランス革命史
735 バスク人
743 スペイン内戦
747 ルーマニア史
752 オランダ史
755 朝鮮半島を見る基礎知識
760 ヨーロッパの民族学
766 ジャンヌ・ダルクの実像
767 ローマの古代都市
769 中国の外交
781 カルタゴ
782 カンボジア
790 ベルギー史
806 中世フランスの騎士
810 闘牛への招待
812 ポエニ戦争
813 ヴェルサイユの歴史
814 ハンガリー
816 コルシカ島

文庫クセジュ

文庫クセジュ

社会科学

357 売春の社会学
396 性関係の歴史
483 社会学の方法
616 中国人の生活
654 女性の権利
693 国際人道法
717 第三世界
740 フェミニズムの世界史
744 社会学の言語
746 労働法
786 ジャーナリストの倫理
787 象徴系の政治学
824 トクヴィル
837 福祉国家
845 ヨーロッパの超特急
847 エスニシティの社会学
887 ＮＧＯと人道支援活動
888 世界遺産
893 インターポール
894 フーリガンの社会学
899 拡大ヨーロッパ
907 死刑制度の歴史
917 教育の歴史
919 世界最大デジタル映像アーカイブ ＩＮＡ
926 テロリズム
933 ファッションの社会学
936 フランスにおける脱宗教性の歴史
940 大学の歴史
946 医療制度改革